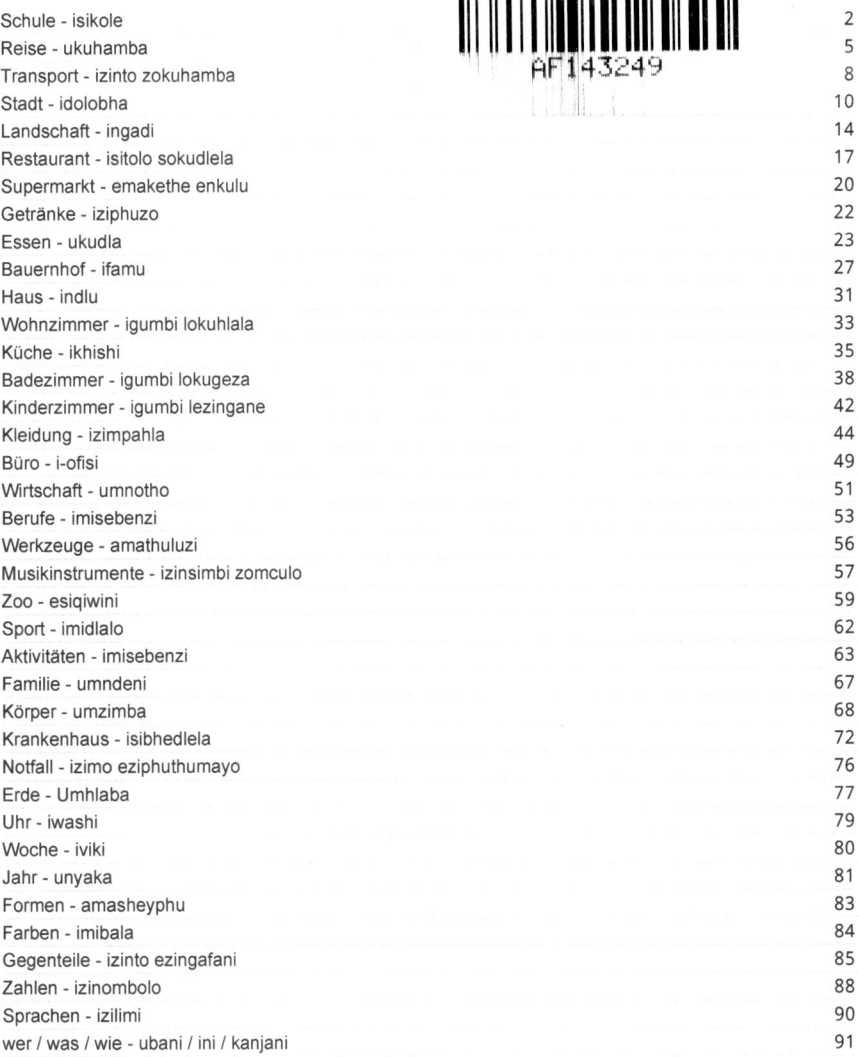

AF143249

Impressum
Verlag: BABADADA GmbH, Nedderfeld 112 , 22529 Hamburg
Geschäftsführer / Verlagsleitung: Harald Hof
Druck: Books on Demand GmbH, In de Tarpen 42, 22848 Norderstedt

Imprint
Publisher: BABADADA GmbH, Nedderfeld 112 , 22529 Hamburg, Germany
Managing Director / Publishing direction: Harald Hof
Print: Books on Demand GmbH, In de Tarpen 42, 22848 Norderstedt

Schule

isikole

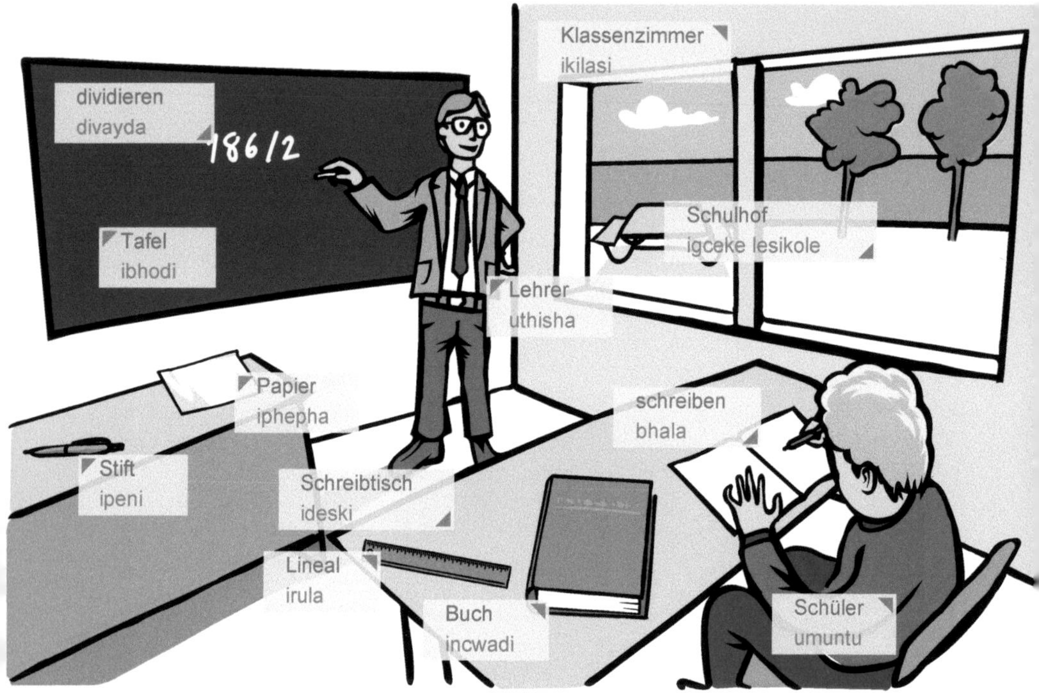

Klassenzimmer
ikilasi
dividieren
divayda
186/2
Tafel
ibhodi
Schulhof
igceke lesikole
Lehrer
uthisha
Papier
iphepha
schreiben
bhala
Stift
ipeni
Schreibtisch
ideski
Lineal
irula
Buch
incwadi
Schüler
umuntu

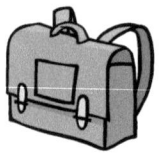

Ranzen

isikhwama

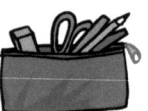

Federmappe

isikwama sepeni

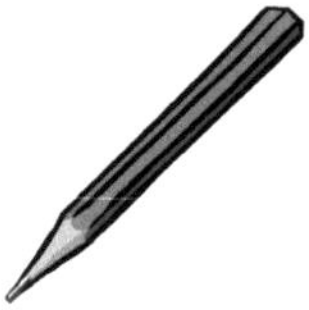

Bleistift

ipensela

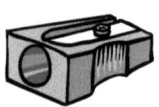

Bleistiftanspitzer

umshini wokulola

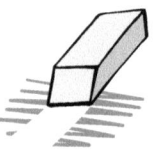

Radiergummi

irabha

Zeichenblock

indawo yokudweba

Zeichnung

ukudweba

Pinsel

ibrashi lokupenda

Malkasten

ibhokisi lokupenda

Schere

isikelo

Klebstoff

inomfi

Übungsheft

incwadi yesikole

Hausaufgabe

umsebenzi wasekhaya

Zahl

inamba

addieren

hlanganisa

subtrahieren

susa

multiplizieren

phindaphinda

rechnen

bala

Buchstabe

incwadi

Alphabet

izinhlamvu zamagama

Wort

igama

Text

umbhalo

lesen

funda

Kreide

ushoki

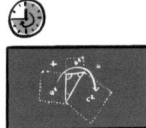

Stunde

isifundo

Klassenbuch

bhalisa

Prüfung

isivivinyo

Zeugnis

isitifiketi

Schuluniform

iyunifomu yesikole

Ausbildung

imfundo

Lexikon

i-encyclopedia

Universität

inyuvesi

Mikroskop

isibonakhulu

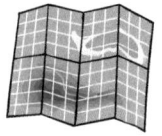

Karte

ibalazwe

Papierkorb

ibhaskidi yokulahla
amaphepha

Reise
ukuhamba

Hotel
ihhotela
Grand
Herberge
ihositela
ROOMS
Wechselstube
i-bureau de change
Koffer
i-suitcase
Auto
imoto

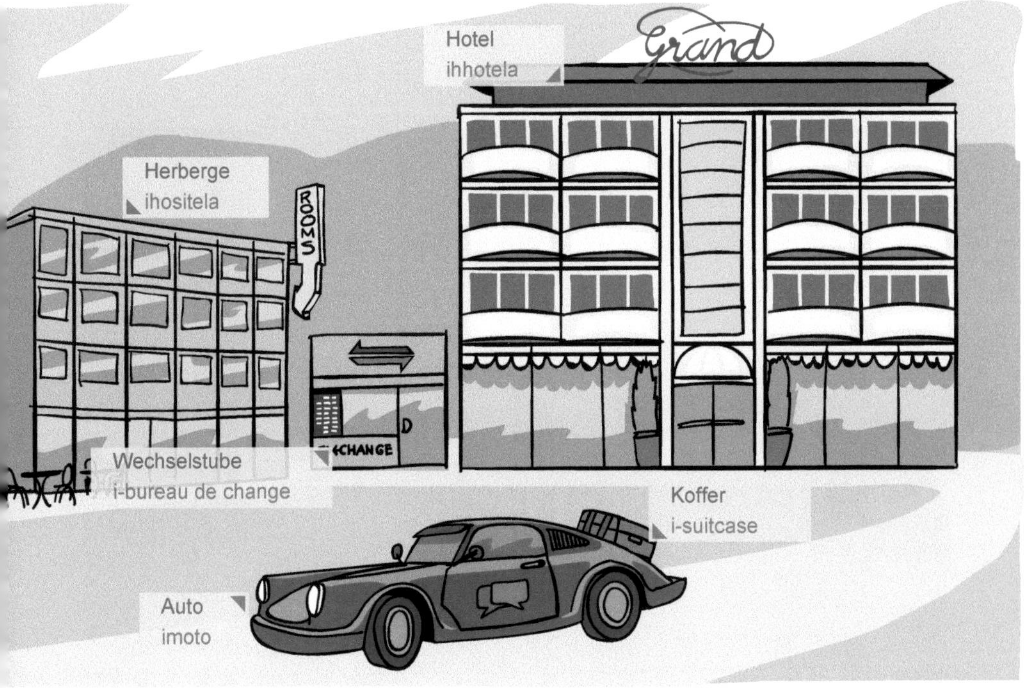

Sprache
ulimi

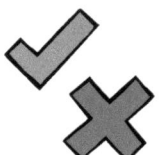

ja / nein
yebo / cha

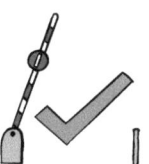

Okay
kulungile

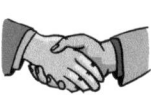

Hallo
sawubona

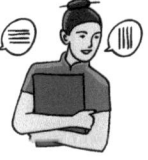

Übersetzer
umhumushi

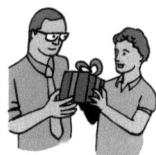

Danke
Ngiyabonga

Was kostet...?

iyimalini i...?

Ich verstehe nicht

angiqondi

Problem

inkinga

Guten Abend!

Intambama enhle!

Guten Morgen!

Sawubona!

Gute Nacht!

Ulale kahle!

Auf Wiedersehen

bye bye

Richtung

isiqondiso

Gepäck

izikhwama

Tasche

isikhwama

Rucksack

ubhakha

Gast

isivakashi

Zimmer

igumbi

Schlafsack

isikhwama sokulala

Zelt

ithende

Touristeninformation

mininingwane yamathoristi

Strand

ulwandle

Kreditkarte

ikhadi lesikweletu

Frühstück

ukudla kwasekuseni

Mittagessen

ukudla kwasemini

Abendessen

ukudla kwasebusuku

Fahrkarte

ithikithi

Fahrstuhl

i-lift

Briefmarke

isitembu

Grenze

ibhoda

Zoll

amasiko

Botschaft

inxusa

Visum

ivisa

Pass

iphasiphothi

Transport
izinto zokuhamba

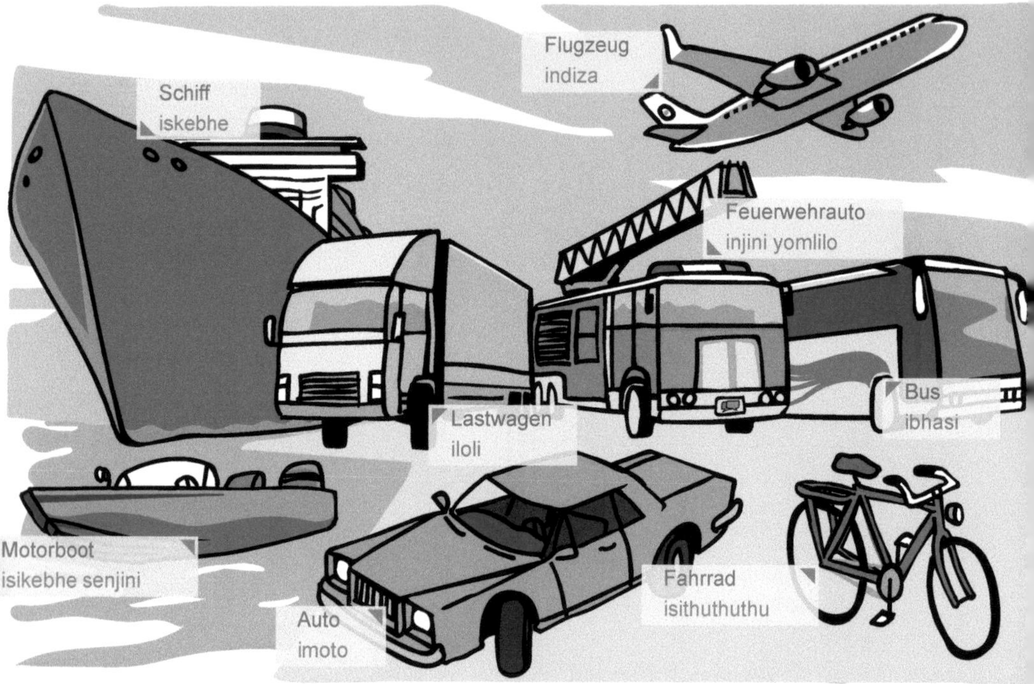
Flugzeug
indiza
Schiff
iskebhe
Feuerwehrauto
injini yomlilo
Lastwagen
iloli
Bus
ibhasi
Motorboot
isikebhe senjini
Fahrrad
isithuthuthu
Auto
imoto

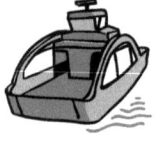

Fähre

isikebhe

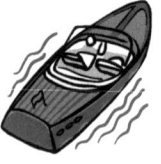

Boot

isikebhe

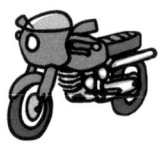

Motorrad

isithuthuthu

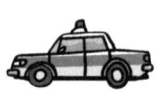

Polizeiauto

imoto yamaphoyisa

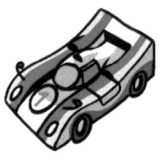

Rennauto

imoto ejahayo

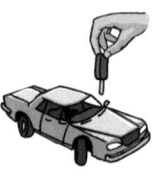

Mietwagen

imoto eqashiwe

Carsharing

ukurenta imoto

Abschleppwagen

iloli eliphukile

Müllauto

ithrakhi

Motor

injini

Kraftstoff

amafutha

Tankstelle

indawo yokuthela uphethiloli

Verkehrsschild

uphawu lwethrafikhi

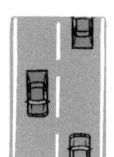

Verkehr

ithrafikhi

Stau

ithrafikhi enkulu

Parkplatz

indawo yokupaka izimoto

Bahnhof

isitashi sesitimela

Schienen

amaloli

Zug

isitimela

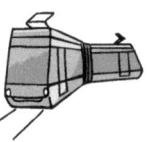

Straßenbahn

ithilamu

Wagon

inqola

Helikopter

ihelikhoptha

Flughafen

isikhungo sezindiza

Tower

umphongolo

Passagier

iphasenja

Container

ikhonteyna

Karton

ikhathoni

Karren

inqola

Korb

ubhasikidi

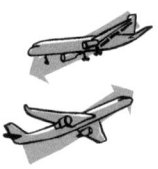

starten / landen

ukusuka / ukwehla

Stadt

idolobha

Dorf

isigodi

Stadtzentrum

i-city centre

Haus

indlu

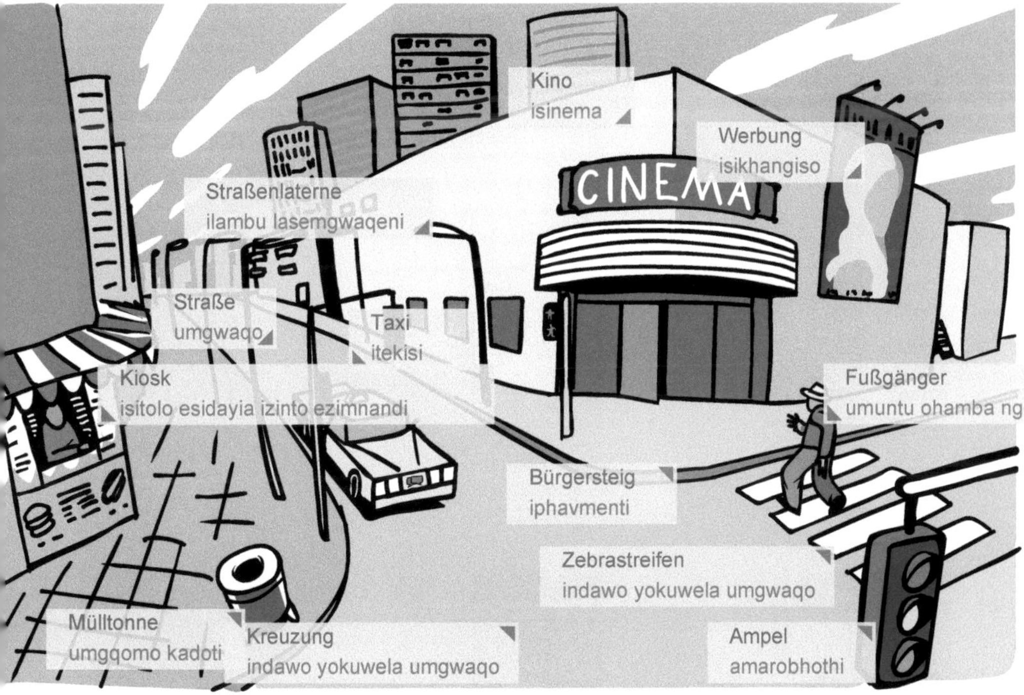

Kino
isinema

Werbung
isikhangiso

Straßenlaterne
ilambu lasemgwaqeni

Straße
umgwaqo

Taxi
itekisi

Kiosk
isitolo esidayia izinto ezimnandi

Fußgänger
umuntu ohamba nge

Bürgersteig
iphavmenti

Zebrastreifen
indawo yokuwela umgwaqo

Mülltonne
umgqomo kadoti

Kreuzung
indawo yokuwela umgwaqo

Ampel
amarobhothi

Hütte

indlu yodaka

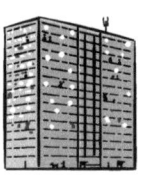

Wohnung

i-flat

Bahnhof

isitashi sesitimela

Rathaus

i-town hall

Museum

imuzilemu

Schule

isikole

Universität

inyuvesi

Bank

ibhange

Krankenhaus

isibhedlela

Hotel

ihhotela

Apotheke

ikhemisi

Büro

i-ofisi

Buchhandlung

isitolo sezincwadi

Geschäft

esitolo

Blumenladen

istolo sezimbali

Supermarkt

emakethe enkulu

Markt

imakethe

Kaufhaus

isitolo somnyango

Fischhändler

i-fishmonger's

Einkaufszentrum

isikhungo sezitolo

Hafen

isikhungo semikhumbi

Park

ipaki

Bank

ibhentshi

Brücke

ibhuloho

Treppe

izitezi

U-Bahn

ngaphansi komhlaba

Tunnel

umhubhe

Bushaltestelle

istobhu sebhasi

Bar

i-bar

Restaurant

isitolo sokudlela

Briefkasten

eposini

Straßenschild

uphawu lwasemgwaqeni

Parkuhr

umshini wokukhokhela
ukupaka

Zoo

esiqiwini

Badeanstalt

indawo yokubhukuda

Moschee

i-mosque

Bauernhof
ifamu

Umweltverschmutzung
ukungcola

Friedhof
amagcwaba

Kirche
isonto

Spielplatz
igrawundi lokudlala

Tempel
ithempeli

Landschaft
ingadi

Blatt
icembe

Wegweiser
mpambano mgwaqo

Weg
indlela

Wiese
idlelo

Stein
itshe

Wanderer
umqwali wezintaba

Baum
isihlahla

Fluss
umfula

Gras
utshani

Blume
imbali

Tal

isigodi

Berg

intaba

See

ichibi

Wald

ihlathi

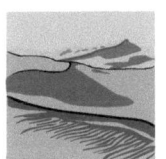

Wüste

ogwadule

Vulkan

intaba mlilo

Schloss

isigodlo

Regenbogen

uthingo

Pilz

ikhowe

Palme

isihlahla sesundu

Moskito

umiyane

Fliege

ukundiza

Ameise

intuthwane

Biene

inyosi

Spinne

isicabucabu

Käfer

ibhungane

Frosch

ixoxo

Eichhörnchen

i-squirrel

Igel

i-hedgehog

Hase

unogwaja

Eule

isikhova

Vogel

izinyoni

Schwan

idada

Wildschwein

intibane

Hirsch

inyamazane

Elch

i-moose

Staudamm

idamu

Windrad

i-wind turbine

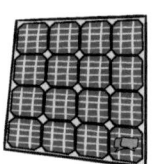

Solarmodul

i-solar panel

Klima

isimo sezulu

Restaurant
isitolo sokudlela

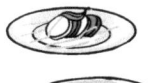

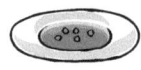

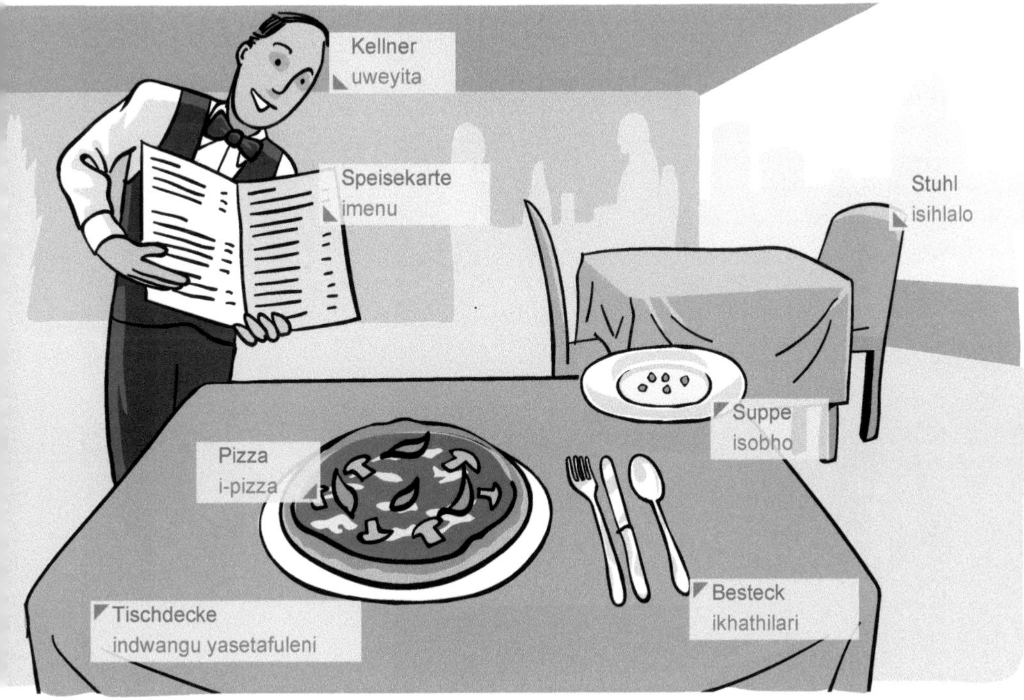

Kellner
uweyita
Speisekarte
imenu
Stuhl
isihlalo
Suppe
isobho
Pizza
i-pizza
Tischdecke
indwangu yasetafuleni
Besteck
ikhathilari

Vorspeise
ukudla okulula

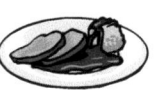

Hauptgericht
isidlo

Nachspeise
idizethi

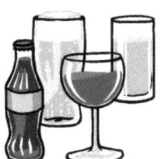

Getränke
iziphuzo

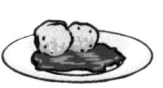

Essen
ukudla

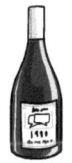

Flasche
ibhodlela

Fastfood

ukudla okulula

Streetfood

ukudla okudayiswa
emgwaqeni

Teekanne

ithiphothi

Zuckerdose

isitsha sikashukela

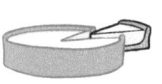

Portion

ingxenye

Espressomaschine

umshini we-ekspreso

Hochstuhl

isitulo esiphezulu

Rechnung

izindleko

Tablett

ithreyi

Messer

ummese

Gabel

imfologo

Löffel

ispuni

Teelöffel

ithispuni

Serviette

indawo yokusula umlomo

Glas

igilasi

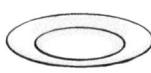

Teller

ipuleti

Suppenteller

ipuleti lesobho

Untertasse

isoso

Sauce

isosi

Salzstreuer

isitsha sasawoti

Pfeffermühle

isitsha sephepha

Essig

uviniga

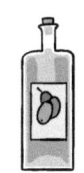

Öl

amafutha

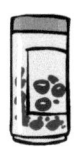

Gewürze

izinongo

Ketchup

isosi yetamatisi

Senf

isosi yesinaphi

Mayonnaise

imayonesi

Supermarkt
emakethe enkulu

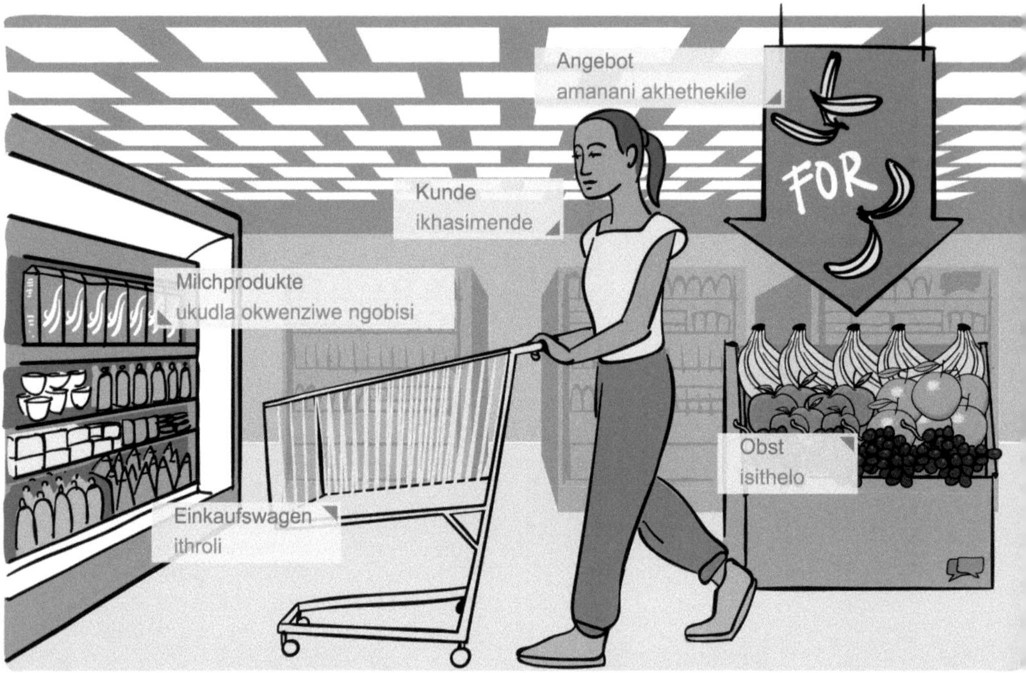

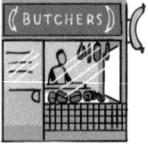

Schlachterei

ebhusha

Bäckerei

isitolo esidayisa isinkwa

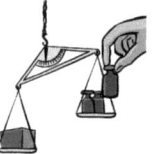

wiegen

kala

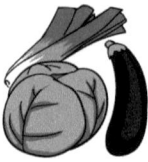

Gemüse

amaveji

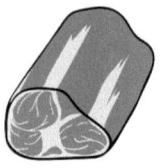

Fleisch

inyama

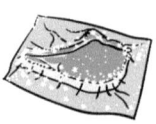

Tiefkühlkost

ukudla okubandayo

Aufschnitt

inyama ebandayo

Konserven

ukudla okusethinini

Waschmittel

insipho yokuwasha enguphawuda

Süßigkeiten

oswidi

Haushaltsartikel

izinto zasendlini

Reinigungsmittel

izinto zokuhlanza

Verkäuferin

umuntu odayisayo

Kasse

ithili

Kassierer

umbali wemali

Einkaufsliste

zinto okumelwe zithengwe

Öffnungszeiten

amahora okuvula

Brieftasche

uwolethi

Kreditkarte

ikhadi lesikweletu

Tasche

isikhwama

Plastiktüte

isikwama sepulastiki

Wasser

amanzi

Saft

ijusi

Milch

ubisi

Cola

i-coke

Wein

iwayini

Bier

ubhiya

Alkohol

utshwala

Kakao

i-cocoa

Tee

itiye

Kaffee

ikhofi

Espresso

i-ekspreso

Cappuccino

ikhaphachino

Banane

ubhanana

Apfel

i-apula

Orange

i-olintshi

Melone

ikhabe

Zitrone

ulamula

Karotte

ukherothi

Knoblauch

ugaligi

Bambus

umhlanga

Zwiebel

u-anyanisi

Pilz

ikhowe

Nüsse

amakinati

Nudeln

ama-noodle

Spaghetti

isipagethi

Reis

iraysi

Salat

isaladi

Pommes frites

ama-chips

Bratkartoffeln

amazambane athosiwe

Pizza

i-pizza

Hamburger

ibhega

Sandwich

isendiwichi

Schnitzel

inyama engenathambo

Schinken

ham

Salami

salami

Wurst

isoseji

Huhn

inkukhu

Braten

yosiwe

Fisch

inhlanzi

Haferflocken

iphalishi le-oats

Müsli

i-muesli

Cornflakes

ama-cornflakes

Mehl

uflulawa

Croissant

i-croissant

Brötchen

isinkwa esiyiroli

Brot

isinkwa

Toast

i-toast

Kekse

amabhiskidi

Butter

ibhotela

Quark

i-curd

Kuchen

ikhekhe

Ei

iqanda

Spiegelei

iqanda elithosiwe

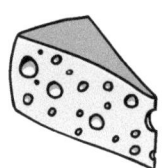

Käse

ushizi

Eiscreme

i-ice cream

Zucker

ushukela

Honig

uju

Marmelade

ujamu

Nougat-Creme

ispredi sikashokholedi

Curry

isitshulu

Bauernhof
ifamu

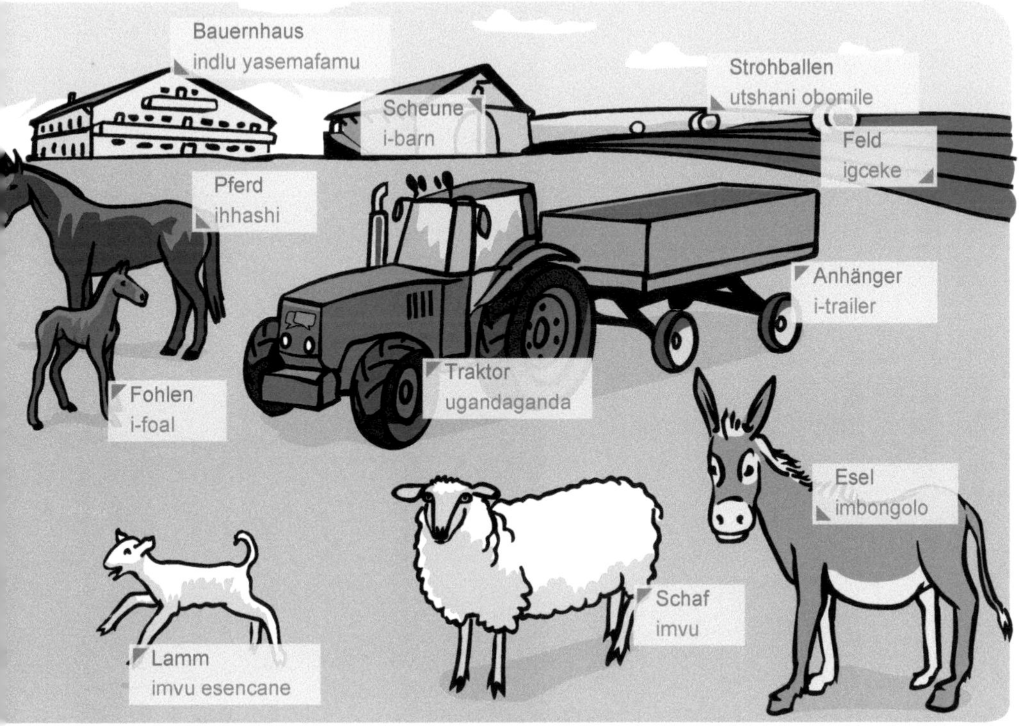
Bauernhaus
indlu yasemafamu
Scheune
i-barn
Strohballen
utshani obomile
Feld
igceke
Pferd
ihhashi
Anhänger
i-trailer
Traktor
ugandaganda
Fohlen
i-foal
Esel
imbongolo
Schaf
imvu
Lamm
imvu esencane

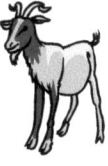

Ziege

imbuzi

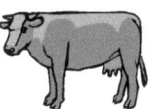

Kuh

inkomo

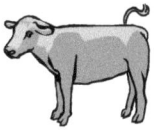

Kalb

ithole

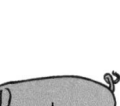

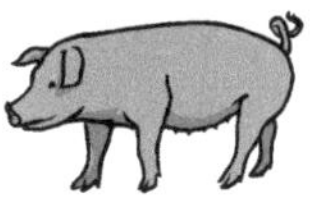

Schwein

ingulube

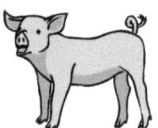

Ferkel

ingulube esencane

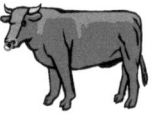

Bulle

inkunzi

Gans

ihansi

Ente

idada

Küken

ichwane

Huhn

isikhukhukazi

Hahn

iqhude

Ratte

igundwane

Katze

ikati

Maus

igundwane

Ochse

inkabi

Hund

inja

Hundehütte

indlu yenja

Gartenschlauch

ipayipi lokunisela

Gießkanne

ikani lokunisela

Sense

ucelemba

Pflug

igeja

Sichel

isikela

Hacke

ukhuba

Mistgabel

imfoloko

Axt

imbazo

Schubkarre

ibhala

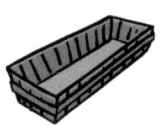

Trog

umkhombe

Milchkanne

ubusi olusekanini

Sack

isaka

Zaun

ifensi

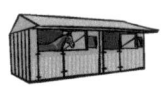

Stall

esitebhilini

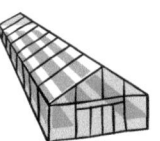

Treibhaus

i-greenhouse

Boden

inhlabathi

Saat

imbewu

Dünger

umanyolo

Mähdrescher

ukuvuna okuhlanganisiwe

ernten

vuna

Ernte

isivuno

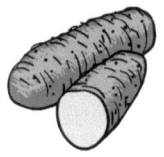

Yamswurzel

ama-yam

Weizen

ukolweni

Soja

umbhontshisi

Kartoffel

amazambane

Mais

ummbila

Raps

i-rapeseed

Obstbaum

isihlahla sezithelo

Maniok

umdumbula

Getreide

amasiriyeli

Haus
indlu

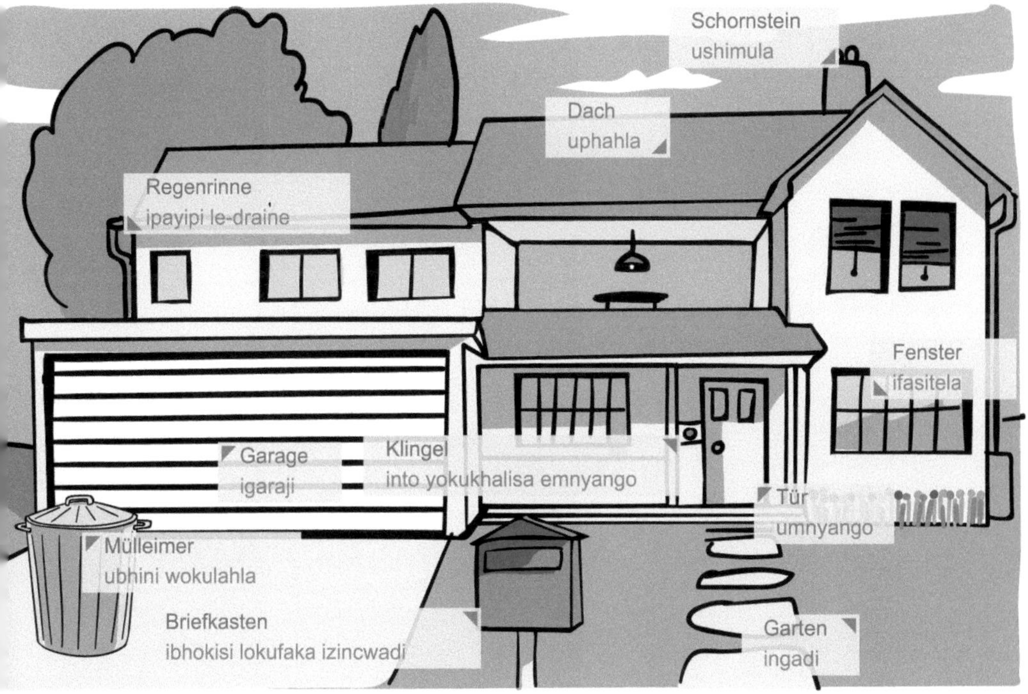

Schornstein
ushimula
Dach
uphahla
Regenrinne
ipayipi le-draine
Fenster
ifasitela
Garage
igaraji
Klingel
into yokukhalisa emnyango
Tür
umnyango
Mülleimer
ubhini wokulahla
Briefkasten
ibhokisi lokufaka izincwadi
Garten
ingadi

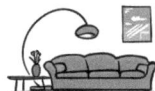

Wohnzimmer

igumbi lokuhlala

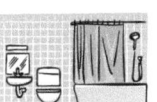

Badezimmer

igumbi lokugeza

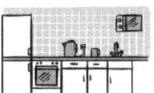

Küche

ikhishi

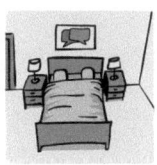

Schlafzimmer

igumbi lokulala

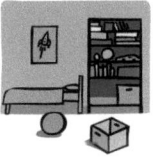

Kinderzimmer

igumbi lezingane

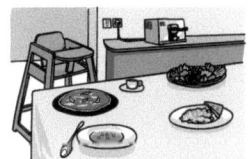

Esszimmer

igumbi lokudlela

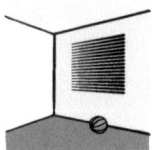

Boden

phansi

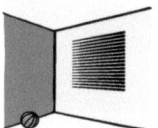

Wand

udonga

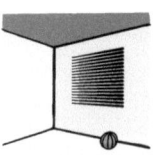

Decke

usilingi

Keller

i-cella

Sauna

i-sauna

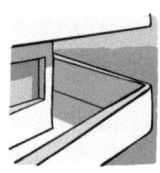

Balkon

ibhalconi

Terrasse

i-terrace

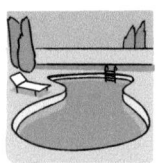

Schwimmbad

iphuli

Rasenmäher

umshin wokugunda utshani

Bettbezug

ishidi

Bettdecke

ingubo yokulala

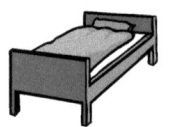

Bett

umbhede

Besen

umshanelo

Eimer

ibhakede

Schalter

i-switch

Wohnzimmer
igumbi lokuhlala

Tapete
i-wallpaper
Bild
isithombe
Lampe
ilambu
Regal
ishalofu
Schrank
ibhodi lenkomishi
Fernseher
umabonakude
Kamin
indawo yomlilo
Blume
imbali
Kissen
ikhushini
Sofa
usofa
Vase
ivasi
Fernbedienung
i-remote control

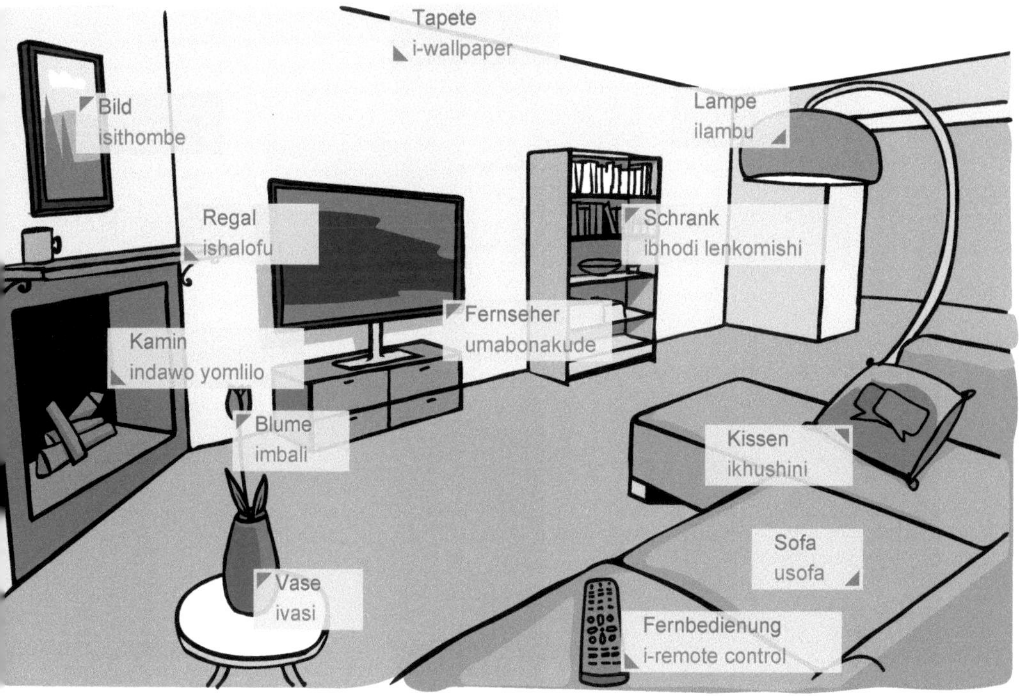

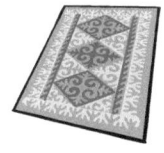

Teppich

ukhaphethe

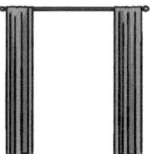

Vorhang

ikhethini

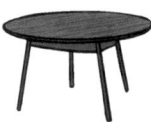

Tisch

itafula

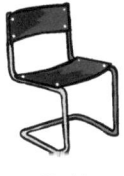

Stuhl

isihlalo

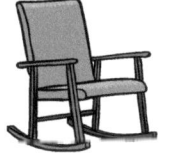

Schaukelstuhl

isihlalo esinyakazayo

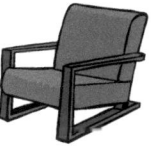

Sessel

isihlalo esingangengalo

Buch

incwadi

Decke

ingubo

Dekoration

ukuhlobisa

Feuerholz

izinkuni zokubasa

Film

ifilimu

Stereoanlage

izinto ze-hi-fi

Schlüssel

ukhiye

Zeitung

iphephandaba

Gemälde

ukupenda

Poster

iphosta

Radio

umsakazo

Notizblock

i-notepad

Staubsauger

ihuva

Kaktus

i-cactus

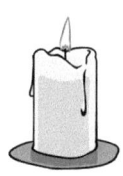

Kerze

ikhandlela

Küche
ikhishi

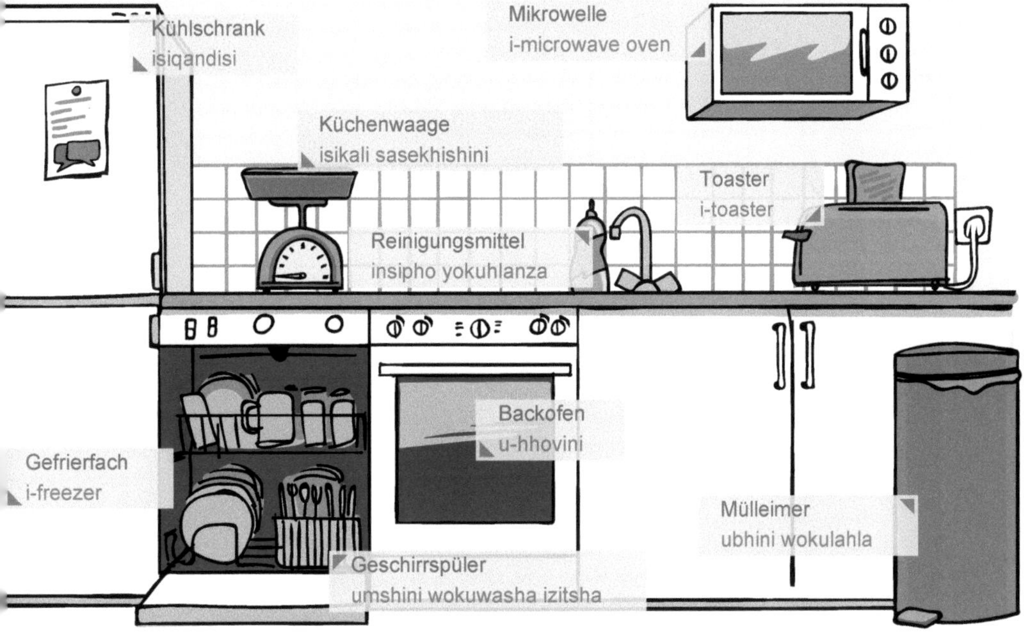

Kühlschrank
isiqandisi
Mikrowelle
i-microwave oven
Küchenwaage
isikali sasekhishini
Toaster
i-toaster
Reinigungsmittel
insipho yokuhlanza
Backofen
u-hhovini
Gefrierfach
i-freezer
Mülleimer
ubhini wokulahla
Geschirrspüler
umshini wokuwasha izitsha

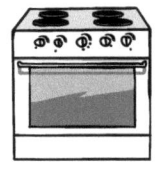

Herd

umshini wokupheka

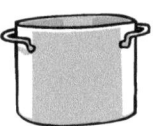

Topf

ibhodwe

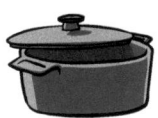

Eisentopf

ibhodwe le-cast iron

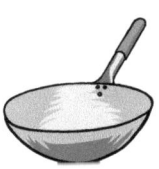

Wok / Kadai

i-wok / kadai

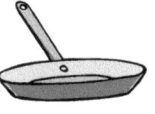

Pfanne

ipani

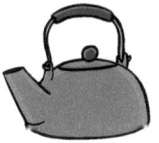

Wasserkocher

iketela

Dampfgarer

i-steamer

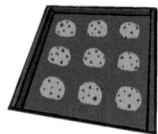

Backblech

ithreyi lokubhaka

Geschirr

izitsha zokudla

Becher

imaki

Schale

isitsha

Essstäbchen

izinti zendwangu

Suppenkelle

isixembe sokuphaka

Pfannenwender

ispathula

Schneebesen

i-whisk

Kochsieb

i-strainer

Sieb

isisefo

Reibe

igretha

Mörser

isitsha sodaka

Grill

i-barbecue

Feuerstelle

umlilo

Schneidebrett

ibhodi lokuqoba

Nudelholz

ipini lokurola

Korkenzieher

iskrew

Dose

ikani

Dosenöffner

into yokuvula ikani

Topflappen

indwangu yokubamba
ibhodwe

Waschbecken

usinki

Bürste

i-brush

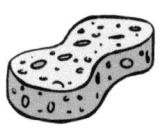

Schwamm

isiponji

Mixer

ibhlenda

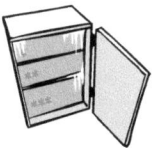

Gefriertruhe

i-deep freezer

Babyflasche

ibhodlela lengane

Wasserhahn

umpompi

Badezimmer

igumbi lokugeza

Dusche
ishawa
Heizung
isifudumezo
Handtuch
ithawula
Duschvorhang
ikhethini leshawa
Schaumbad
insipho yokugeza eyenza amagwebu
Badewanne
ubhavu
Glas
igilasi
Waschmaschine
umshini wokuwasha
Wasserhahn
umpompi
Fliesen
amathayizi
Töpfchen
ithoyilethi lezingane
Waschbecken
usinki

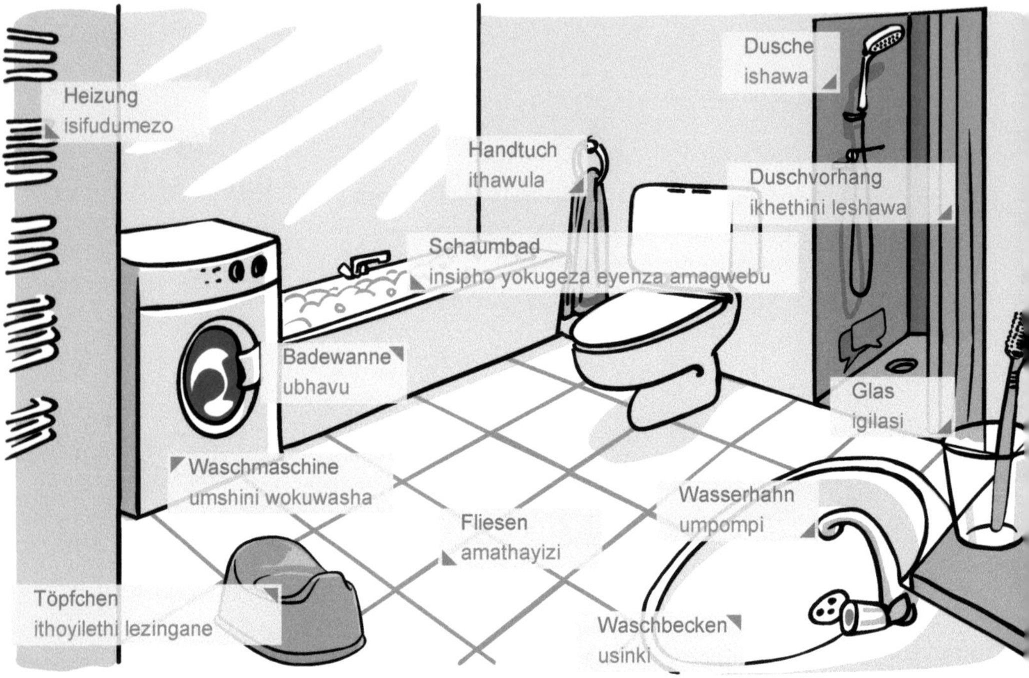

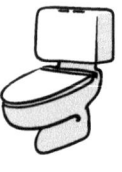

Toilette

ithoyilethi

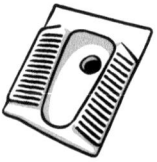

Hocktoilette

ithoyilethi oqoshama kuyo

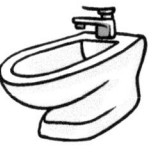

Bidet

ithoyilethi le-bidet

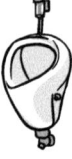

Pissoir

ithoyilethi lokuchama labesilisa

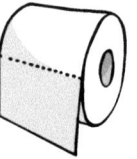

Toilettenpapier

iphepha lasethoyilethi

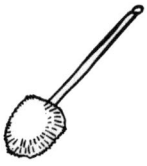

Toilettenbürste

ibhrashi lasethoyilethi

Zahnbürste

ibhrashi lamazinyo

Zahnpasta

insipho yamazinyo

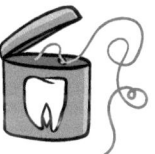

Zahnseide

into yokuvungula

waschen

washa

Handbrause

ishawa ebanjwa ngesandla

Intimdusche

uchatho

Waschschüssel

u-basini

Rückenbürste

ibrashi lomhlane

Seife

insipho

Duschgel

ijeli yeshawa

Shampoo

ishampu

Waschlappen

ishethi lesikoshi

Abfluss

i-drain

Creme

ukhilimu

Deodorant

into yokugcoba
amakhwapha

Spiegel

isibuko

Kosmetikspiegel

isibuko esiphathwa
ngesandla

Rasierer

ireyza

Rasierschaum

igwebu lokushefa

Rasierwasser

umuthi ogcotshwa ngemva
kokushefa

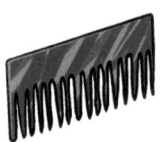

Kamm

ikama

Bürste

ibhrashi

Föhn

into yokomisa izinwele

Haarspray

ispreyi sezinwele

Makeup

i-makeup

Lippenstift

into yokugcoba umlomo

Nagellack

into yokususa upende
wezinzipho

Watte

uwuli kakotini

Nagelschere

isikelo sezinzipho

Parfum

isigqolo

Kulturbeutel

isikhwama sezinto
zokugeza

Hocker

isitulo

Waage

isikali

Bademantel

ingubo yokugeza

Gummihandschuhe

amagilavu erabha

Tampon

ithemponi

Damenbinde

iphedi yasesikhathini

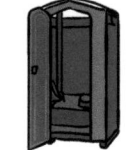

Chemietoilette

ithoyilethi lekhemikhali

Kinderzimmer
igumbi lezingane

Wecker
i-alamu yewashi elichonywayo
Kuscheltier
ithoyizi lokudlala
Spielzeugauto
imoto eyithoyizi
Rassel
i-rattle
Puppenhaus
indlu kanodoli
Geschenk
isiphongo

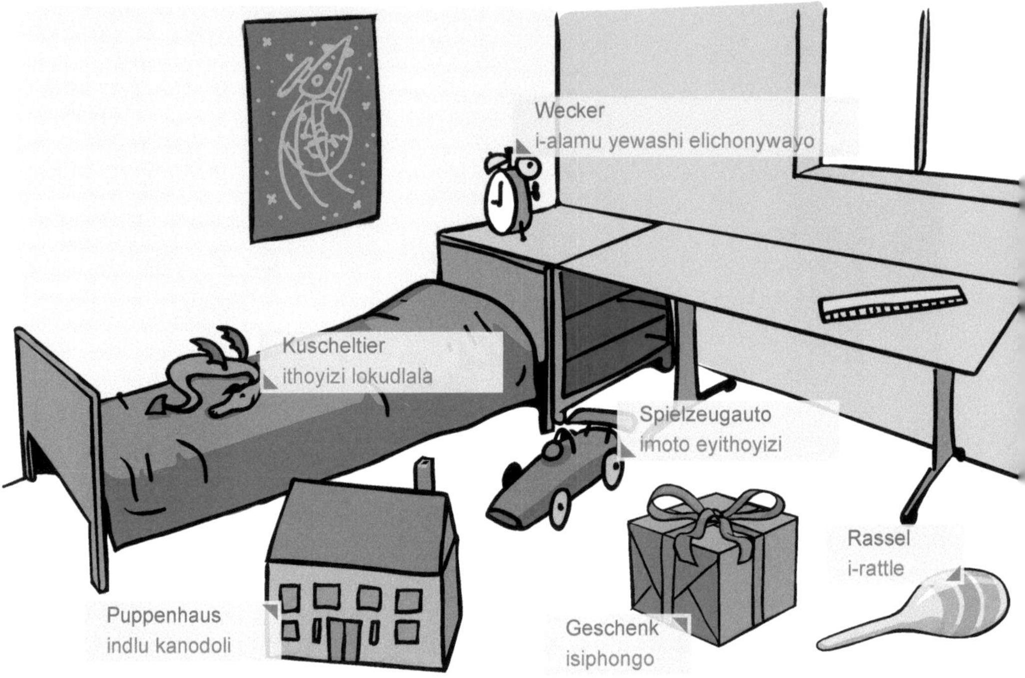

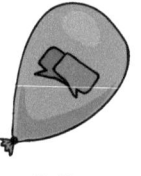

Ballon
ibhaluni

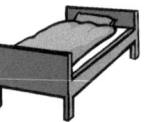

Bett
umbhede

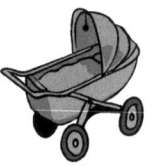

Kinderwagen
iphremu

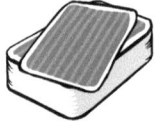

Kartenspiel
amakhadi

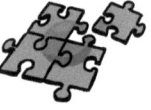

Puzzle
i-jigsaw

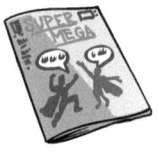

Comic
indaba edwetshiwe

Legosteine

amabrick elego

Bausteine

amabhuloksi okwakha

Action Figur

unodoli weqhawe

Strampelanzug

izimpahla zezingane

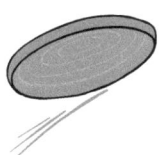

Frisbee

i-frisbee

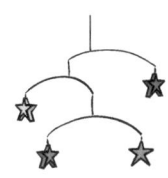

Mobile

amathoyizi ezingane alengayo

Brettspiel

ibhodi lokudlala igemu

Würfel

idayisi

Modelleisenbahn

isethi yesitimela

Schnuller

idemu

Party

iphathi

Bilderbuch

incwadi yezithombe

Ball

ibhola

Puppe

unodoli

spielen

dlala

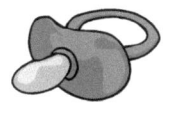

Sandkasten

umgodi wenhlabathi

Schaukel

uzwinki

Spielzeug

amathoyizi

Spielkonsole

umshini wamavidiyo geymu

Dreirad

ibhayisikili elinemasondo
amathathu

Teddy

uthedibhe

Kleiderschrank

u-wardrobe

Kleidung

izimpahla

Socken

amasokisi

Strümpfe

amastokhingi

Strumpfhose

amathayithi

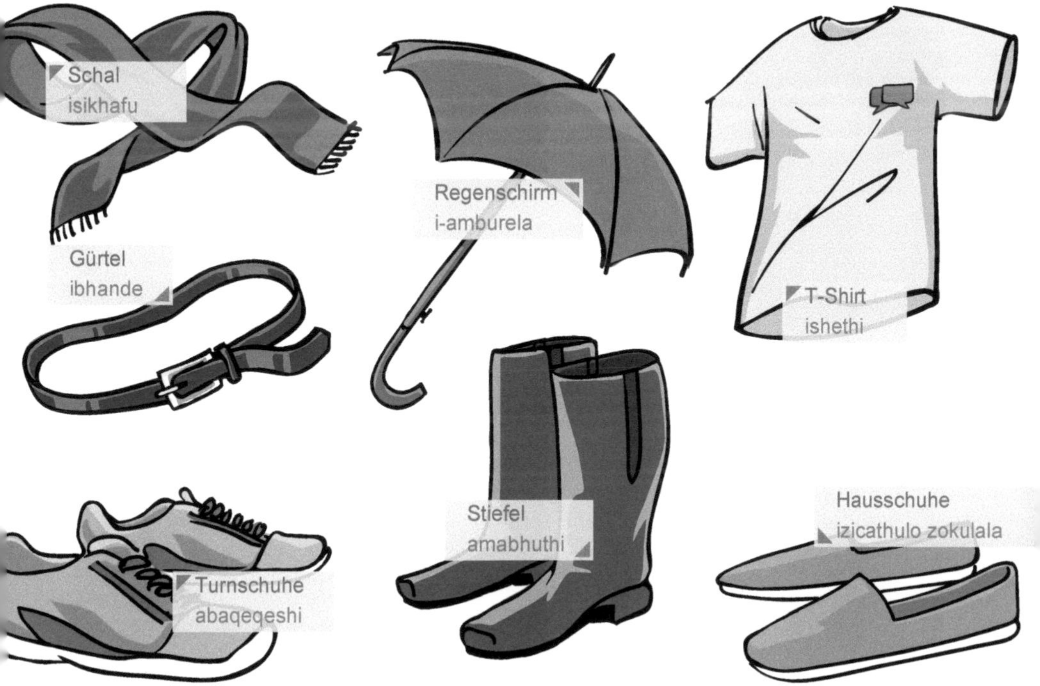

Schal
isikhafu

Regenschirm
i-amburela

T-Shirt
ishethi

Gürtel
ibhande

Stiefel
amabhuthi

Hausschuhe
izicathulo zokulala

Turnschuhe
abaqeqeshi

Sandalen
....
amasandali

Schuhe
....
izicathulo

Gummistiefel
....
amabhuthi erabha

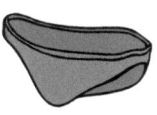

Unterhose
....
iphenti

Büstenhalter
....
u-bra

Unterhemd
....
ivesti

Body

umzimba

Hose

amabhulukwe

Jeans

amajini

Rock

isiketi

Bluse

isikibha

Hemd

ishethi

Pullover

ijezi elinezigqoko

Kapuzenpullover

i-hoodie

Blazer

ibhuleyiza

Jacke

ijakhethi

Mantel

ijazi

Regenmantel

i-raincoat

Kostüm

ikhosyumu

Kleid

ingubo

Hochzeitskleid

ingubo yomshado

Anzug

isudu

Nachthemd

ingubo yokulala

Schlafanzug

amaphijama

Sari

ingubo yesari

Kopftuch

isikhafu

Turban

isigqoko se-turban

Burka

ibhukha

Kaftan

ingubo yekaftani

Abaya

abaya

Badeanzug

impahla yokubhukuda

Badehose

amathranki

Kurze Hose

isikhindi

Trainingsanzug

i-tracksuit

Schürze

ingubo yokupheka

Handschuhe

amagilavu

Knopf

ibhathini

Brille

izibuko

Armband

ibhengela

Halskette

umgexo

Ring

indandatho

Ohrring

amacici

Mütze

ikepisi

Kleiderbügel

into yokuhenga ijazi

Hut

isigqoko

Krawatte

uthayi

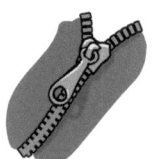

Reißverschluss

uziphu

Helm

ihelmethi

Hosenträger

ama-braces

Schuluniform

iyunifomu yesikole

Uniform

iyunifomu

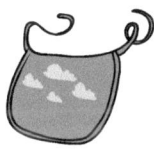

Lätzchen

ibhayi lengane

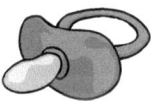

Schnuller

idemu

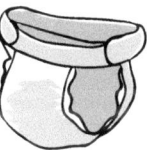

Windel

inabukeni

Büro

i-ofisi

Server
iseva
Aktenschrank
ikhabethe lamafayela
Papier
iphepha
Drucker
umshin wokuphrinta
Monitor
imonitha
Schreibtisch
ideski
Maus
imawusi
Ordner
ifolda
Tastatur
ikhibhodi
apierkorb
haskidi yokulahla amaphepha
Computer
ikhompyutha
Stuhl
isihlalo

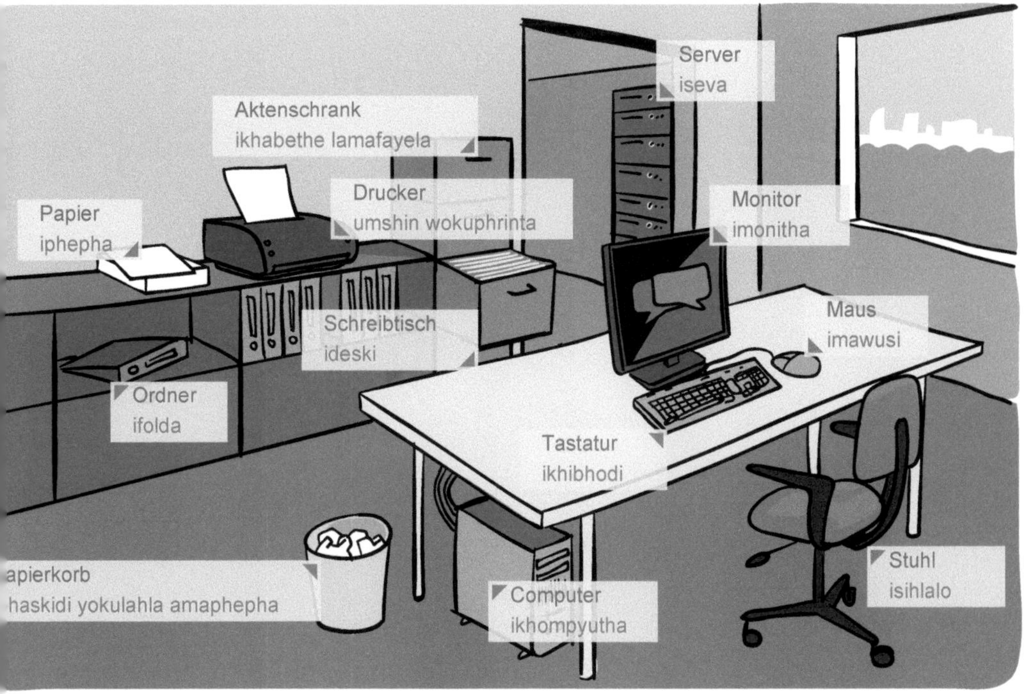

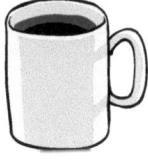

Kaffeebecher

imagi yekhofi

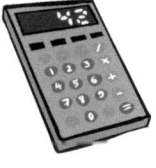

Taschenrechner

ikhalkhuletha

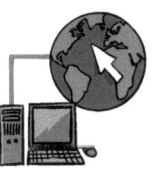

Internet

i-inthanethi

Laptop

ilephuthophu

Brief

incwadi

Nachricht

umyalezo

Handy

ifoni

Netzwerk

inethiwekhi

Kopierer

ifothokhophi

Software

i-software

Telefon

ucingo

Steckdose

indawo yokupulaka

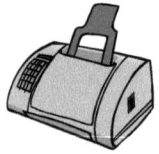

Fax

umshini wokufeksa

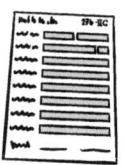

Formular

ifomu

Dokument

idokhumenti

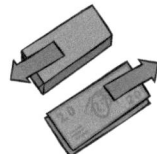

kaufen

thenga

bezahlen

khokha

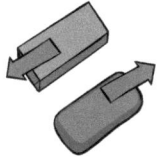

handeln

shintshana

Geld

imali

Dollar

idola

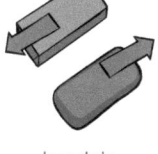

Euro

i-euro

Yen

iyen

Rubel

i-rouble

Franken

iSwiss franc

Renminbi Yuan

i-renminbi yuan

Rupie

i-rupee

Geldautomat

umshini wokukhipha imali

Wechselstube

i-bureau de change

Gold

igolide

Silber

isiliva

Öl

amafutha

Energie

amandla

Preis

inani lemali

Vertrag

ukuxhumana

Steuer

intela

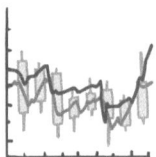

Aktie

isitokwe

arbeiten

sebenza

Angestellter

isisebenzi

Arbeitgeber

umqashi

Fabrik

ifekthri

Geschäft

esitolo

Berufe
imisebenzi

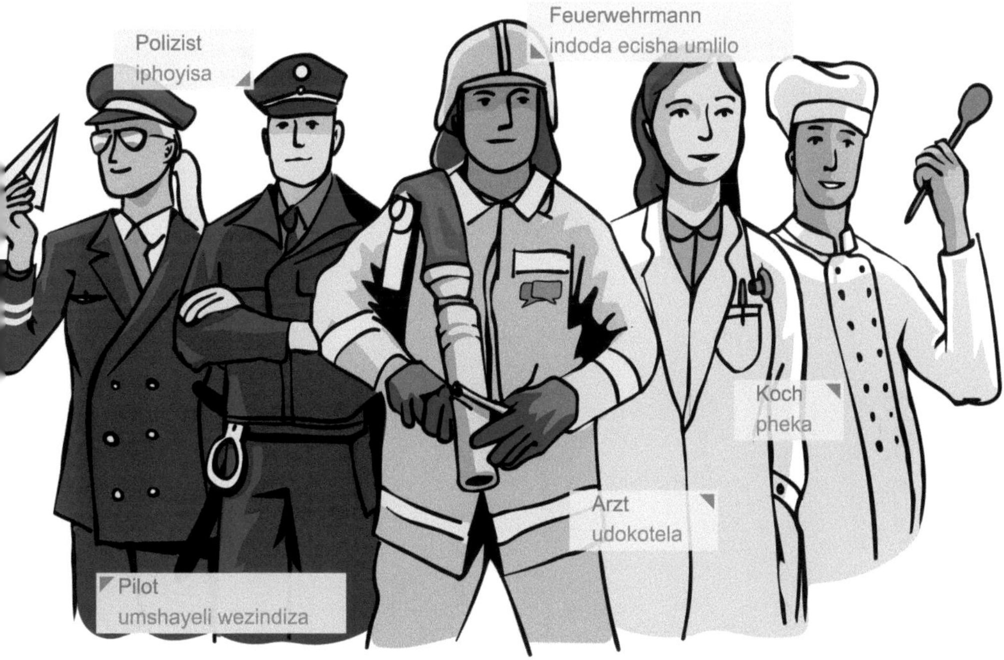
Polizist
iphoyisa
Feuerwehrmann
indoda ecisha umlilo
Koch
pheka
Arzt
udokotela
Pilot
umshayeli wezindiza

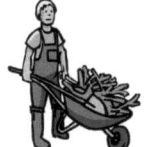

Gärtner

umuntu onakekela ingadi

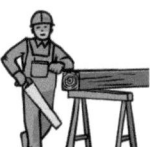

Tischler

umbazi

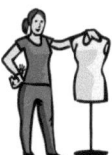

Näherin

umthungi

Richter

ijaji

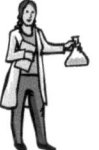

Chemiker

umuntu osebenza ekhemisi

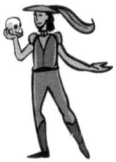

Schauspieler

umlingisi

Busfahrer

umshayeli webhasi

Taxifahrer

umshayeli wetekisi

Fischer

indoda edoba izinhlanzi

Putzfrau

owesifazane ohlanzayo

Dachdecker

umuntu olungisa uphahla

Kellner

uweyita

Jäger

umzingeli

Maler

umuntu opendayo

Bäcker

umbhaki

Elektriker

umuntu osebenza ngogesi

Bauarbeiter

umakhi

Ingenieur

unjiniyela

Schlachter

indawo edayisa inyama

Klempner

umuntu osebenza
ngamapayipi

Postbote

indoda yaseposini

Soldat

isosha

Architekt

umdwebi wezakhiwo

Kassierer

umbali wemali

Florist

umuntu otshala izimbali

Friseur

umuntu owenza izinwele

Schaffner

umqondisi wasesitimeleni

Mechaniker

umakhenikha

Kapitän

ukaputeni

Zahnarzt

udokotela wamazinyo

Wissenschaftler

usosayensi

Rabbi

urabi

Imam

imam

Mönch

indela

Geistlicher

umfundisi

Werkzeuge

amathuluzi

Zange
i-pliers
Hammer
isando
Schraubendreher
i-screwdriver
Schraubenschlüssel
isipanela
Taschenlampe
ithoshi
15
15

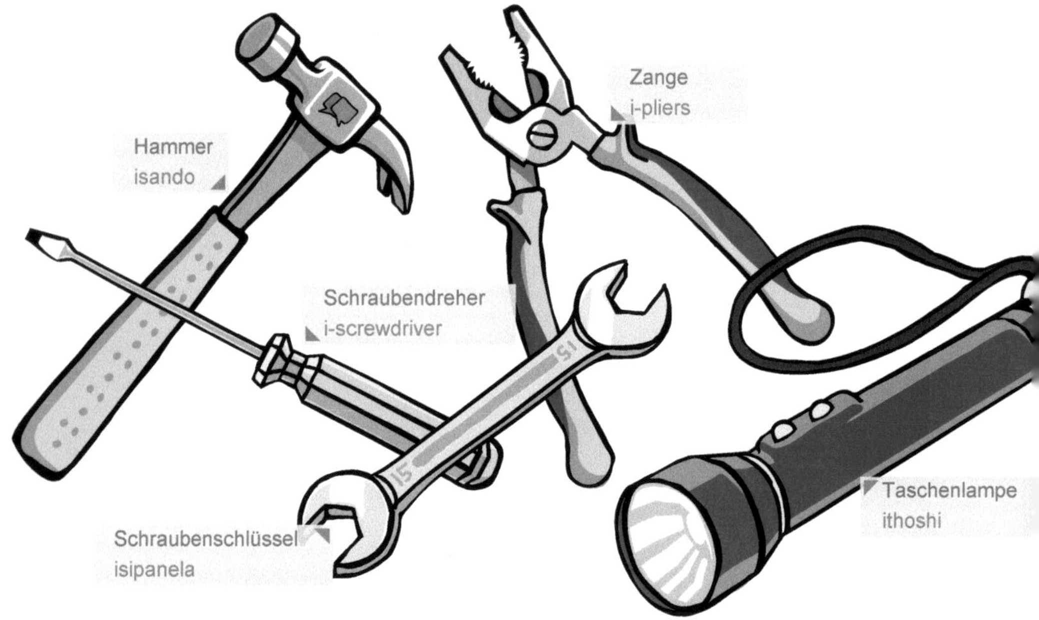

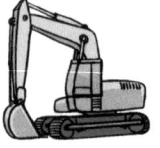

Bagger

umshini wokumba

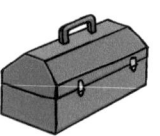

Werkzeugkasten

ibhokisi lamathuluzi

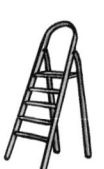

Leiter

isitebhisi

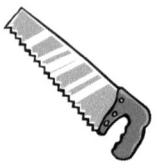

Säge

isaha

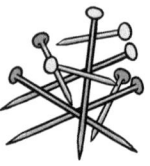

Nägel

izinzipho

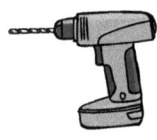

Bohrer

i-drill

reparieren

lungisa

Schaufel

ifosholo

Mist!

Damethi!

Kehrblech

idastipheni

Farbtopf

ithini likapende

Schrauben

i-screws

Musikinstrumente
izinsimbi zomculo

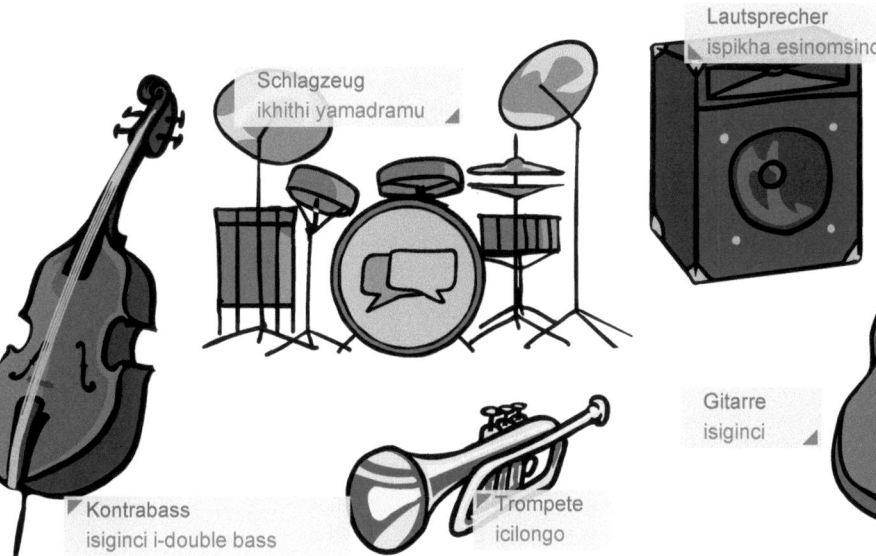

Schlagzeug
ikhithi yamadramu

Lautsprecher
ispikha esinomsindo omkhulu

Gitarre
isiginci

Kontrabass
isiginci i-double bass

Trompete
icilongo

Klavier

ipiyano

Violine

ivayolini

Bass

i-bass

Pauke

ithimpani

Trommeln

amadramu

Keyboard

i-keyboard

Saxophon

i-saxophone

Flöte

umtshingo

Mikrofon

imakhrofoni

Zoo
esiqiwini

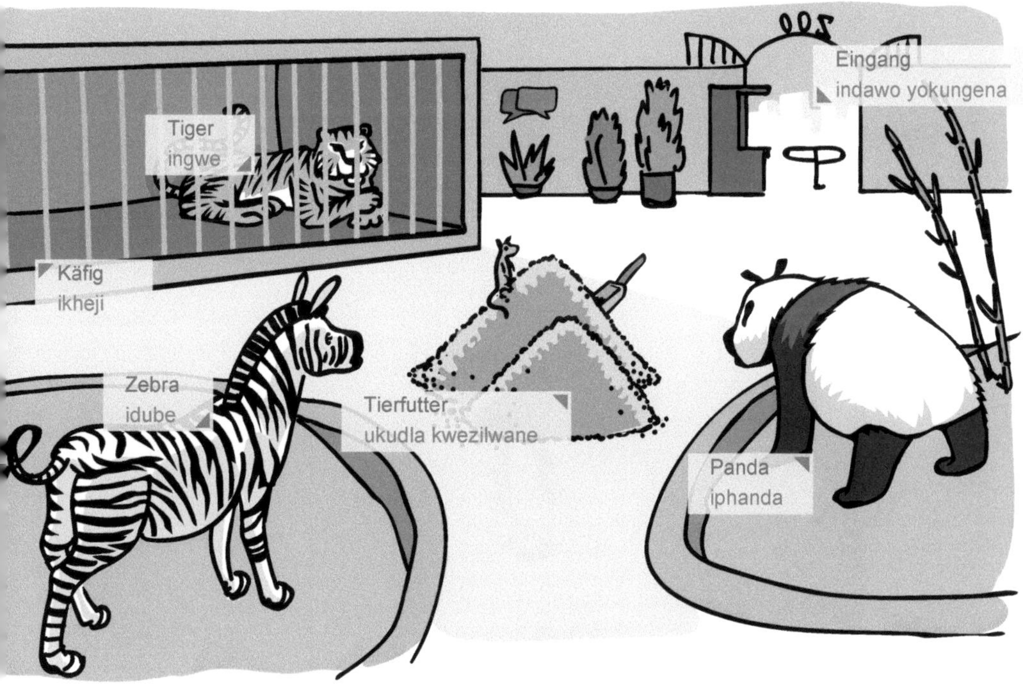

Tiger
ingwe
Eingang
indawo yokungena
Käfig
ikheji
Zebra
idube
Tierfutter
ukudla kwezilwane
Panda
iphanda

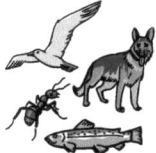

Tiere
izilwane

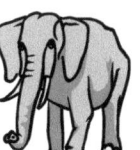

Elefant
indlovu

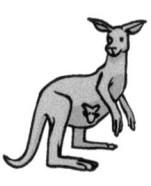

Känguru
ikhangaru

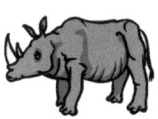

Nashorn
ubhejane

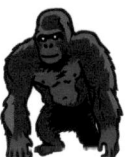

Gorilla
igorila

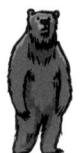

Bär
ibhele

Kamel

ikamela

Strauß

intshe

Löwe

ingonyama

Affe

inkawu

Flamingo

i-flamingo

Papagei

upholi

Eisbär

ibhele laseqhweni

Pinguin

iphenguwini

Hai

ushaka

Pfau

ipigogo

Schlange

inyoka

Krokodil

ingwenya

Zoowärter

umgcini wezilwane

Robbe

isilwane saseqhweni

Jaguar

ijaguwa

Pony

iponi

Leopard

ingwe

Nilpferd

imvubu

Giraffe

indlulamithi

Adler

ukhozi

Wildschwein

intibane

Fisch

inhlanzi

Schildkröte

ufudu

Walross

i-walrus

Fuchs

ujakalase

Gazelle

inyamazane igazele

American Football
ibhola lezinyawo laseMelika

Radfahren
umdlali webhayisikili

Tennis
ithenisi

Basketball
ibhola lomnqankiswano

Schwimmen
ukubhukuda

Boxen
isibhakela

Eishockey
i-ice hockey

Fußball

ibhola lezinyawo

Badminton

i-badminton

Leichtathletik

abasubathi

Handball

ibhola lezandla

Skilaufen

ukushushuluza

Polo

ipolo

Aktivitäten
imisebenzi

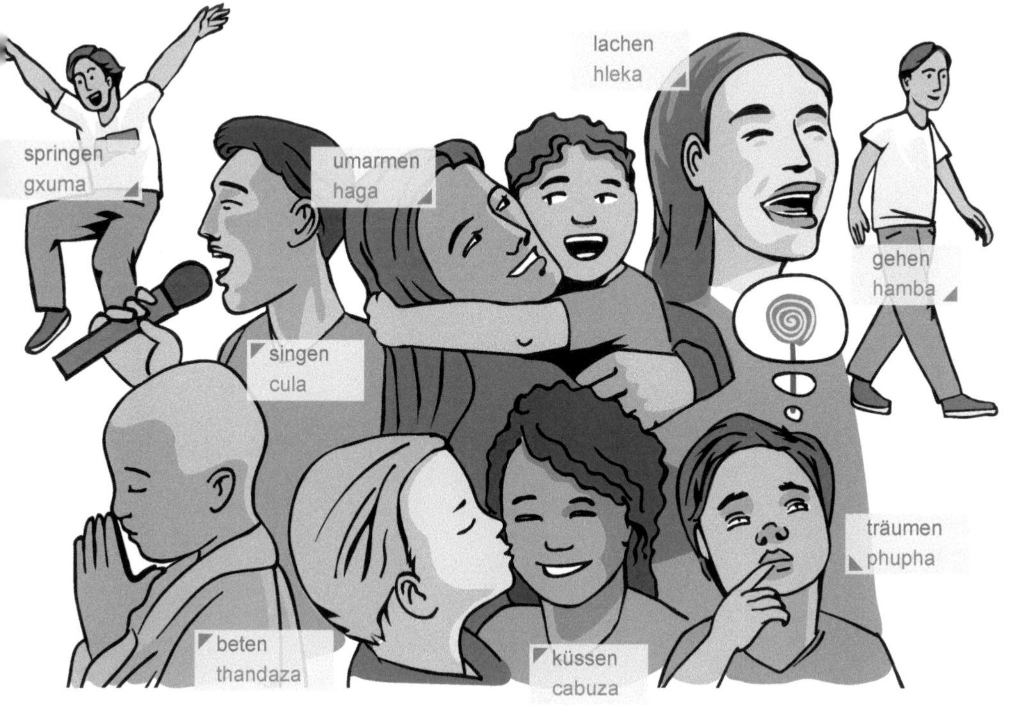

lachen
hleka
springen
gxuma
umarmen
haga
gehen
hamba
singen
cula
träumen
phupha
beten
thandaza
küssen
cabuza

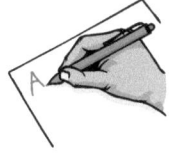

schreiben

bhala

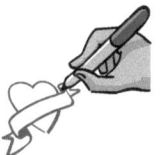

zeichnen

dweba

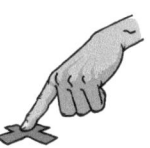

zeigen

bonisa

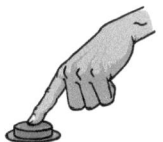

drücken

phusha

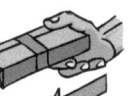

geben

nikeza

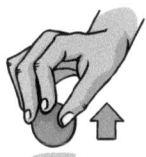

nehmen

thatha

haben

yiba

tun

yenza

sein

yiba

stehen

sukuma

laufen

gijima

ziehen

donsa

werfen

phonsa

fallen

yiwa

liegen

amanga

warten

linda

tragen

thwala

sitzen

hlala

anziehen

gqoka

schlafen

lala

aufwachen

vuka

ansehen

bukela

weinen

khala

streicheln

qhweba

kämmen

kama

reden

khuluma

verstehen

qonda

fragen

buza

hören

lalela

trinken

phuza

essen

idla

aufräumen

coca

lieben

thanda

kochen

pheka

fahren

shayela

fliegen

ndiza

segeln

hamba ngomkhumbi

rechnen

bala

lesen

funda

lernen

funda

arbeiten

sebenza

heiraten

shada

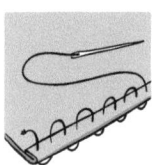

nähen

thunga

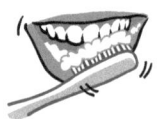

Zähne putzen

geza amazinyo

töten

bulala

rauchen

bhema

senden

thumela

Familie
umndeni

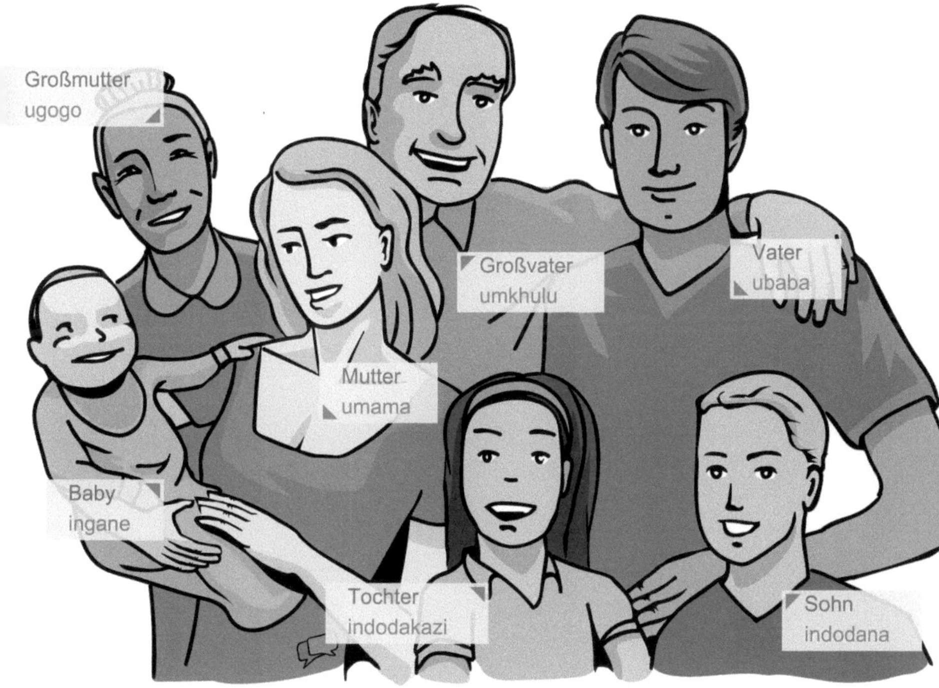
Großmutter
ugogo
Großvater
umkhulu
Vater
ubaba
Mutter
umama
Baby
ingane
Tochter
indodakazi
Sohn
indodana

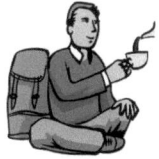

Gast

isivakashi

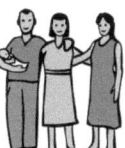

Tante

u-anti

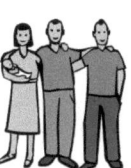

Onkel

umalume

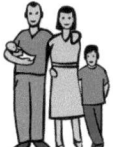

Bruder

umfowethu

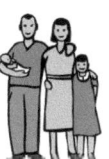

Schwester

udadewethu

Körper
umzimba

Stirn
isiphongo
Auge
amehlo
Schulter
ihlombe
Finger
umunwe
Gesicht
ubuso
Kinn
isilevu
Hand
isandla
Bein
umlenze
Brust
amabele
Arm
ingalo

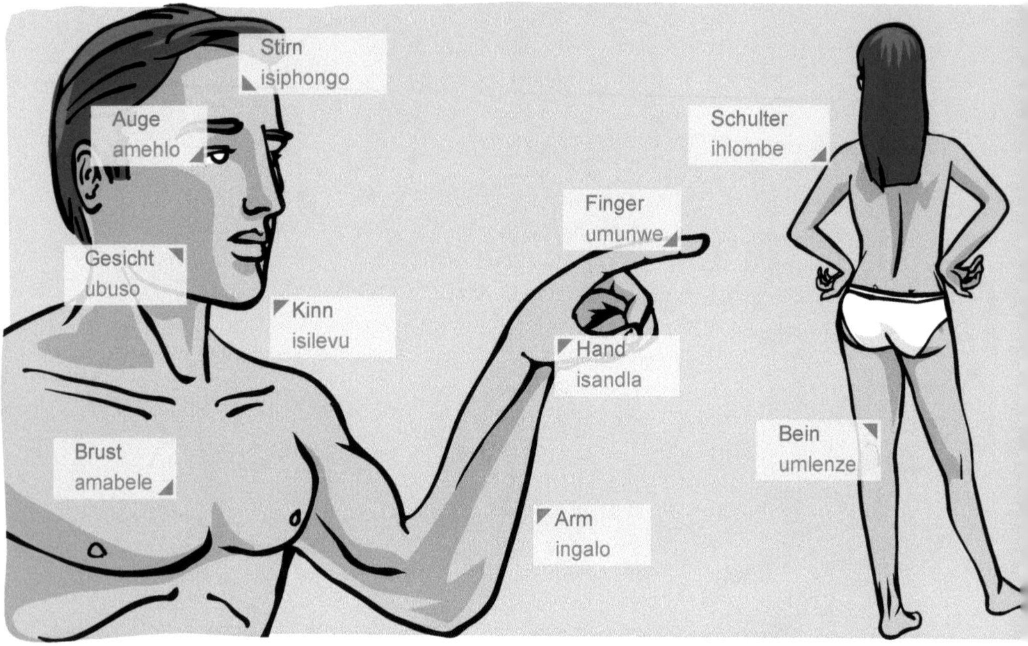

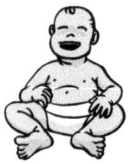

Baby
ingane

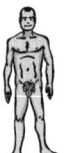

Mann
indoda

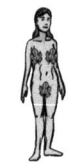

Frau
owesifazane

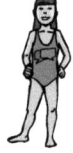

Mädchen
intombazane

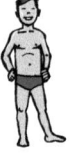

Junge
umfana

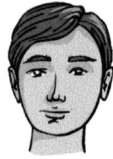

Kopf
ikhanda

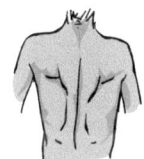

Rücken

umhlane

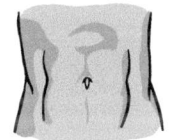

Bauch

isisu

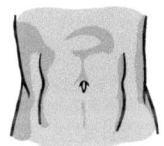

Nabel

inkaba

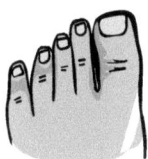

Zeh

izinzwane

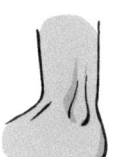

Ferse

isithende

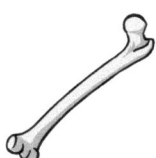

Knochen

ithambo

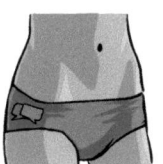

Hüfte

inqulu

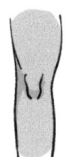

Knie

idolo

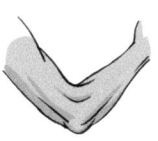

Ellenbogen

indololwane

Nase

ikhala

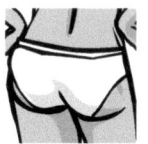

Gesäß

ingenzansi

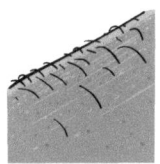

Haut

isikhumba

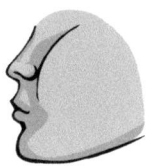

Wange

iziqhomo

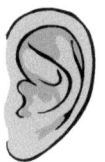

Ohr

indlebe

Lippe

udebe

Mund

umlomo

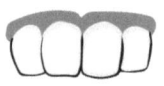

Zahn

amazinyo

Zunge

ulimu

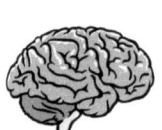

Gehirn

ingqondo

Herz

inhliziyo

Muskel

imasela

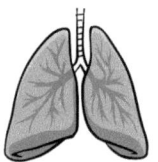

Lunge

uphaphe

Leber

isibindi

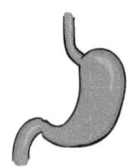

Magen

isisu

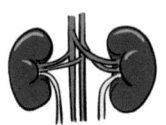

Nieren

izinso

Geschlechtsverkehr

ucansi

Kondom

ikhondomu

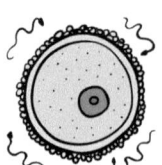

Eizelle

iqanda

Sperma

isidoda

Schwangerschaft

ukukhulelwa

Körper - umzimba

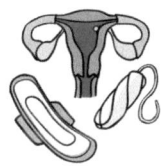

Menstruation

ukuya esikhathini

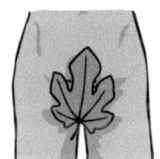

Vagina

imomozi

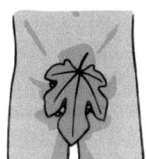

Penis

umthondo

Augenbraue

ishiya

Haar

izinwele

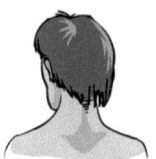

Hals

intamo

Krankenhaus
isibhedlela

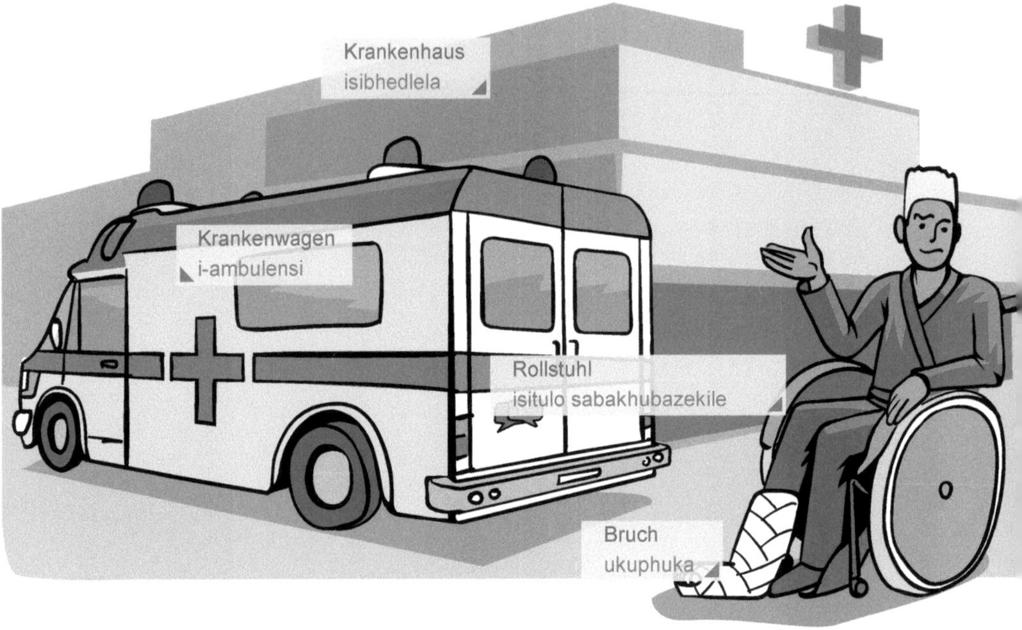

Krankenhaus
isibhedlela
Krankenwagen
i-ambulensi
Rollstuhl
isitulo sabakhubazekile
Bruch
ukuphuka

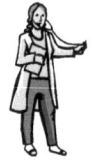

Arzt
udokotela

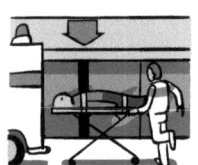

Notaufnahme
igumbi leziguli ezidinga ukwelashwa okuphuthumayo

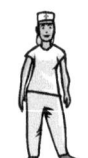

Krankenschwester
umhlengikazi

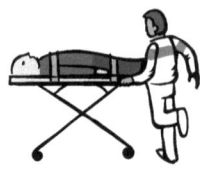

Notfall
izimo eziphuthumayo

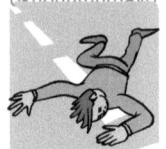

ohnmächtig
ukuquleka

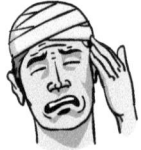

Schmerz
ubuhlungu

Verletzung

ukulimala

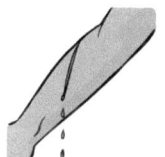

Blutung

ukopha

Herzinfarkt

isifo senhliziyo

Schlaganfall

ukushaywa unhlangothi

Allergie

ukungazwani komzimba
nezinto ezithile

Husten

ukukhwehlela

Fieber

imfiva

Grippe

umkhuhlane

Durchfall

ukuhuda

Kopfschmerzen

ukuphathwa ikhanda

Krebs

umdlavuza

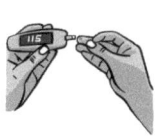

Diabetis

isifo sikashukela

Chirurg

udokotela ohlinzayo

Skalpell

isikalpheli

Operation

ukuhlinzwa

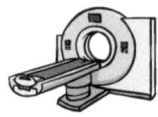

CT

CT

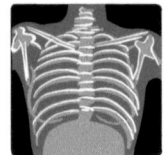

Röntgen

i-x-ray

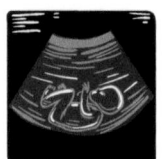

Ultraschall

i-ultrasound

Maske

imaskhi yasebusweni

Krankheit

isifo

Wartezimmer

igumbi lokulinda

Krücke

izinduko zokuhamba

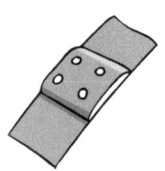

Pflaster

iplasta

Verband

ibhandishi

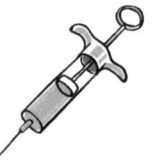

Injektion

umjovo

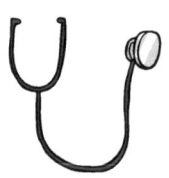

Stethoskop

izipopolo zikadokotela

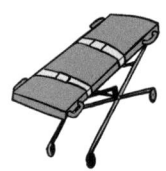

Trage

i-stretcher

Thermometer

umshini okala izinga lokushisa

Geburt

ukubeletha

Übergewicht

ukukhuluphala ngokweqile

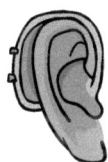

Hörgerät

insizwa yokuzwa

Desinfektionsmittel

ukungatheleleki

Infektion

ukutheleleka

Virus

ivariyasi

HIV / AIDS

HIV / AIDS

Medizin

umuthi

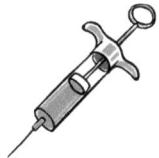

Impfung

umgomo

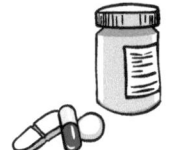

Tabletten

amaphilisi

Pille

amaphilisi

Notruf

ucingo oluphuthumayo

Blutdruck-Messgerät

umshini okala umfutho wegazi

krank / gesund

ukugula / ukuba umqemane

Hilfe!

Sizani!

Alarm

i-alamu

Überfall

ukuhlasela

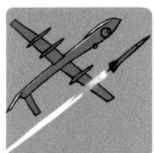

Angriff

ukuhlasela

Gefahr

ingozi

Notausgang

indawo yokubalekela
ngaphansi kwezimo
eziphuthumayo

Feuer!

Umlimo!

Feuerlöscher

isicimamlilo

Unfall

ingozi

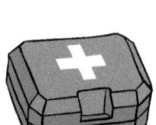

Erste-Hilfe-Koffer

ikhithi yosizo lokuqala

SOS

SOS

Polizei

amaphoyisa

Europa

Europe

Nordamerika

North America

Südamerika

South America

Afrika

Africa

Asien

Asia

Australien

Australia

Atlantik

Atlantic

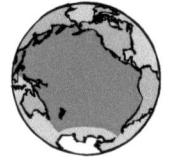

Pazifik

Pacific

Indischer Ozean

Indian Ocean

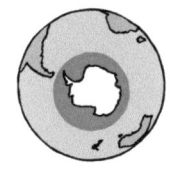

Antarktischer Ozean

Antarctic Ocean

Arktischer Ozean

Arctic Ocean

Nordpol

North Pole

Südpol

South Pole

Antarktis

Antarctica

Erde

Umhlaba

Land

umhlaba

Meer

izilwandle

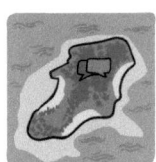

Insel

isiqhingi

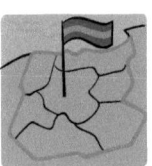

Nation

izwe

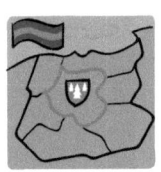

Staat

inhlangano engokomthetho

Zifferblatt

ubuso bewashi

Stundenzeiger

isandla sehora

Minutenzeiger

isandla semizuzu

Sekundenzeiger

isandla sesibili

Wie spät ist es?

Ubani isikhathi?

Tag

usuku

Zeit

isikhathi

jetzt

manje

Digitaluhr

iwashi lezibalo

Minute

umzuzu

Stunde

ihora

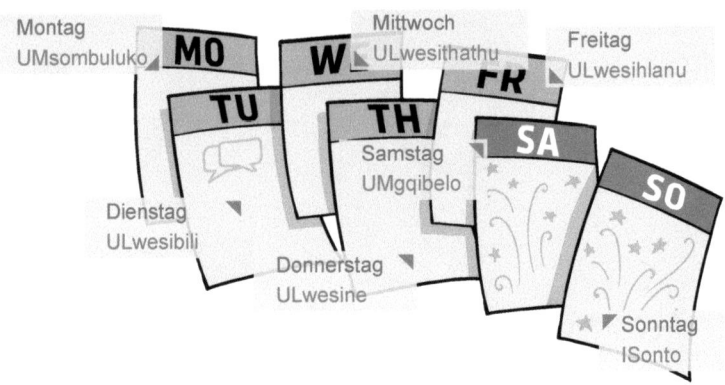

Montag
UMsombuluko

Mittwoch
ULwesithathu

Freitag
ULwesihlanu

Dienstag
ULwesibili

Donnerstag
ULwesine

Samstag
UMgqibelo

Sonntag
ISonto

gestern

izolo

heute

namhlanje

morgen

kusasa

Morgen

ekuseni

Mittag

emini

Abend

ntambama

Arbeitstage

izinsuku zeviki

Wochenende

impelasonto

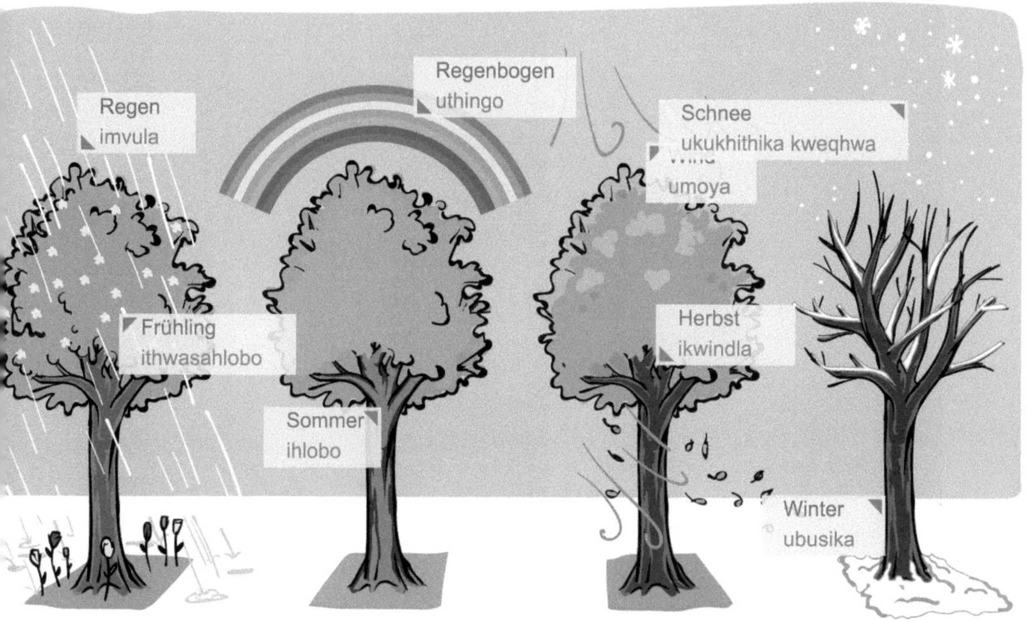

Regen
imvula

Regenbogen
uthingo

Schnee
ukukhithika kweqhwa

Wind
umoya

Frühling
ithwasahlobo

Herbst
ikwindla

Sommer
ihlobo

Winter
ubusika

4.APRIL	11°
5.APRIL	4°
6.APRIL	13°
7.APRIL	8°
8.APRIL	10°

Wettervorhersage

isimo sezulu

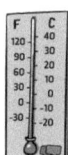

Thermometer

umshini wezinga lokushisa

Sonnenschein

ukushisa kwelanga

Wolke

amafu

Nebel

inkungu

Luftfeuchtigkeit

umswakama

Blitz
ummbani

Donner
ukuduma kwezulu

Sturm
isiphepho

Hagel
isichotho

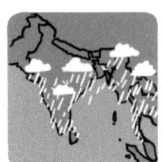

Monsun
imvula enkulu

Flut
izikhukhula

Eis
iqhwa

Januar
UMasingana

Februar
UNhlolanja

März
UNdasa

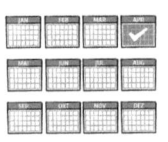

April
UMbasa

Mai
UNhlaba

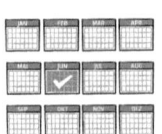

Juni
UNhlangulana

Juli
UNtulikazi

August
UNcwaba

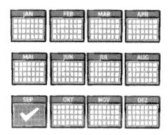

September
....

UMandulo

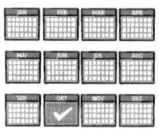

Oktober
....

UMfumfu

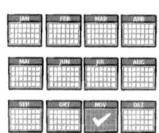

November
....

ULwezi

Dezember
....

UZibandlela

Formen
amasheyphu

Kreis
....

indilinga

Quadrat
....

isikwele

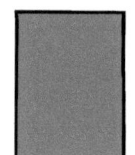

Rechteck
....

unxande

Dreieck
....

unxantathu

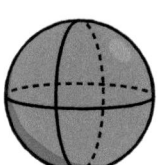

Kugel
....

i-sphere

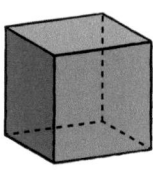

Würfel
....

i-cube

weiß

kumhlophe

gelb

kuphuzi

orange

ku-olenji

pink

kuphinki

rot

kumbomvu

lila

kuphephuli

blau

kuluhlaza
okwesibhakabhaka

grün

kuluhlaza

braun

kubhrawuni

grau

kuphashile

schwarz

kumnyama

viel / wenig

kakhulu / kancane

wütend / friedlich

ukucasuka / ubumnene

hübsch / hässlich

ubuhle / ububi

Anfang / Ende

isiqalo / isiphetho

groß / klein

kukhulu / kuncane

hell / dunkel

kuyakhanya / kumnyama

Bruder / Schwester

umfowethu / udadewethu

sauber / schmutzig

ukuhlanzeka / ukungcola

vollständig / unvollständig

ukuphelela / ukungapheleli

Tag / Nacht

imini / ubusuku

tot / lebendig

ukufa / ukuphila

breit / schmal

ukuvuleka / ukunyinyeka

genießbar / ungenießbar

okudliwayo / okungadliwa

böse / freundlich

ukukhohlakala / umusa

aufgeregt / gelangweilt

ukujabula / isithukuthezi

dick / dünn

ukunona / ukuzaca

zuerst / zuletzt

ukuqala / ukugcina

Freund / Feind

umngane / isitha

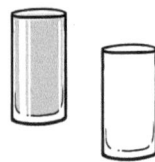

voll / leer

ukugcwala / ukuphela

hart / weich

ubunzima / ukuthamba

schwer / leicht

ukusinda / ukubalula

Hunger / Durst

ukulamba / ukoma

krank / gesund

ukugula / ukuba umqemane

illegal / legal

ngokomthetho / okungekho
emthethweni

intelligent / dumm

ukuhlakanipha /
isiphukuphuku

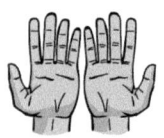

links / rechts

isinxele / esokudla

nah / fern

eduze / kude

neu / gebraucht

kusha / sekusebenzile

nichts / etwas

utho / okuthile

alt / jung

okudala / okusha

an / aus

vuliwe / kucishiwe

offen / geschlossen

vula / vala

leise / laut

kuthulekile / kunomsindo

reich / arm

ukuceba / ubumpofu

richtig / falsch

kulungile / akulungile

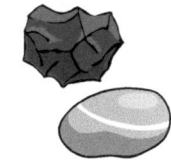

rau / glatt

kugadlazekile / kuyashelela

traurig / glücklich

dabuka / jabula

kurz / lang

kufishane / kude

langsam / schnell

kuyanensa / kuyashesha

nass / trocken

ukuba manzi / ukoma

warm / kühl

ukufudumala / ukuphola

Krieg / Frieden

ukulwa / ukuthula

0	**1**	**2**
null	eins	zwei
uziro	kunye	kubili
3	**4**	**5**
drei	vier	fünf
kuthathu	kune	kuhlanu
6	**7**	**8**
sechs	sieben	acht
isithupha	isikhombisa	isishiyagalombili
9	**10**	**11**
neun	zehn	elf
isishiyagalolunye	ishumi	ishumi nanye

12

zwölf

ishumi nambili

13

dreizehn

ishumi nantathu

14

vierzehn

ishumi nane

15

fünfzehn

ishumi nanhlanu

16

sechzehn

ishumi nesithupha

17

siebzehn

ishumi nesikhombisa

18

achtzehn

shumi nesishiyagalombili

19

neunzehn

ishumi nesishiyagalolunye

20

zwanzig

amashumi amabili

100

hundert

ikhulu

1.000

tausend

inkulungwane

1.000.000

million

izigidi

Englisch

isiNgisi

Amerikanisches Englisch

isiNgisi saseMelika

Chinesisch Mandarin

isiMandarin saseShayina

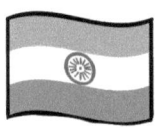

Hindi

isiHindi

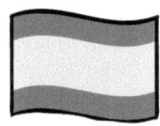

Spanisch

iSpanishi

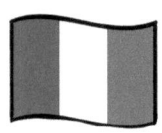

Französisch

isiFulentshi

Arabisch

isi-Arabhu

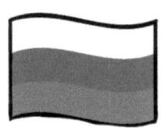

Russisch

isiRashiya

Portugiesisch

isiPutukezi

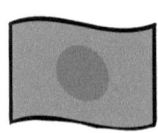

Bengalisch

isiBengali

Deutsch

isiJalimane

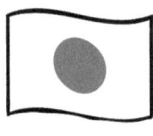

Japanisch

isiJapane

ich

Mina

du

wena

er / sie / es

u / u / ku

wir

thina

ihr

nina

sie

bona

wer?

ubani?

was?

ini?

wie?

kanjani?

wo?

kuphi?

wann?

nini?

Name

igama

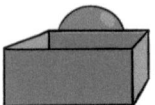

hinter

ngemuva

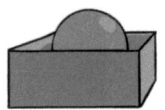

in

ngaphakathi

vor

phambi kwe

über

phezulu

auf

ngaphezulu

unter

ngaphansi

neben

eceleni

zwischen

phakathi

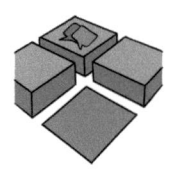

Ort

indawo